STADT | RAUM | GESCHICHTE BAND 3

VON MOSAIKPFLASTER UND SCHMUCKBEETEN.

PLÄTZE UND GRÜNANLAGEN IN WOLFSBURG 1950 BIS 1970

Mit Fotos von Heinrich Heidersberger und Ali Altschaffel

Forum Architektur der Stadt Wolfsburg [Hrsg.]

INHALTSVERZEICHNIS

Detail des Brunnens am Brandenburger Platz, 2017.
Foto: Inger-Katrin Schulz.

VORWORT

Voller Stolz und mit viel Liebe zu den Details gestaltete die Aufbaugeneration Wolfsburgs die Freiräume und Grünanlagen ihrer neuen Stadt. Das zeigt die Auswahl der Bäume und die aufwendige Gestaltung von Pflanzbeeten sowie die variantenreiche Pflasterung der Wege und Plätze ebenso wie die damals fast selbstverständliche Beauftragung von Kunstwerken und Brunnenanlagen. Sie waren der ganze Stolz der Menschen und wurden mit erheblichem Aufwand gepflegt. Für die junge Bevölkerung und viele zugezogene Menschen erwiesen sich die Quartiersplätze als wichtige Orte der Begegnung und Integration – Themen, die heute wieder wichtiger werden. Hier traf man sich und lernte sich kennen.

Im Laufe der Jahrzehnte ist nicht nur die Wahrnehmung dieser Plätze und Grünanlagen der 1950er und 1960er Jahre deutlich zurückgegangen, auch ihre Nutzung hat sich gewandelt. Heute spielt sich der Einkauf weitgehend in Supermärkten an den stark frequentierten Einfallstraßen ab, der Parkdruck durch Pkws hat an vielen Stellen deutlich zugenommen,

neue Nutzer wie die Hochschule am Robert-Koch-Platz kommen mit eigenen Ansprüchen hinzu – um nur einige Aspekte zu nennen.

Gestalterisch ist dagegen an den meisten Stellen nur wenig passiert. Wenn man genau hinschaut, sind sehr häufig noch die baulichen Elemente und Details der 1950er und 1960er Jahre zu finden: Mosaikpflaster und Natursteinmauern warten auf ihre Renaissance fast wie in einem Dornröschenschlaf und werden oft in ihrer Qualität erheblich unterschätzt. Grund dafür ist sicher auch die sehr reduzierte Gestaltung der Nachkriegsepoche, die sich an den Gebäuden, aber ebenso im Freiraum aufzeigen lässt. Die vorliegende Publikation will dazu beitragen, die Augen für diese Qualitäten zu öffnen, die der Architekturhistoriker Dr. Holger Pump-Uhlmann genau beschreibt und die die historischen Fotos Heinrich Heidersbergers eindrucksvoll zeigen. Prof. Ariane Röntz, Mitglied im Gestaltungsbeirat der Stadt Wolfsburg für das Fachgebiet Freiraumplanung, erläutert an verschiedenen Beispielen Möglichkeiten der Weiterentwicklung und In-Wert-Setzung.

Es geht nicht nur um ein Bewahren der Identität, sondern auch um ein sinnvolles Nebeneinander von Alt und Neu mit einer zukunftsorientierten Diskussion über Funktionen und Nutzungen. Dabei ist es wichtig, die eigenen Wurzeln zu kennen und zu bewerten – auch und gerade in der erst achtzig Jahre alten Stadt Wolfsburg. Die gemeinsame Recherche vom Geschäftsbereich Grün, der Unteren Denkmalschutzbehörde und des Forum Architektur der Stadt Wolfsburg ist dafür ein wertvoller Baustein.

Die kleinen Stadtteilplätze, naturnahen Parkanlagen und Grünfugen brauchen in den nächsten Jahren verstärkt unser Augenmerk. Ich wünsche mir, dass nicht nur die Fachleute, sondern vor allem die Menschen vor Ort diese Qualitäten noch stärker für sich erkennen. Dass sie auch heute noch vorhanden sind, sieht sicher jeder, der Ali Altschaffels beeindruckende Impressionen aus dem Herbst 2017 betrachtet.

Kai-Uwe Hirschheide
Stadtbaurat Wolfsburg

IMPRESSIONEN DER 1960ER JAHRE

HEINRICH HEIDERSBERGER

1906–2006

Sommertreiben auf dem Sprungturm
des VW-Bads.

Heinrich Heidersberger, geboren am 10. Juni
1906 in Ingolstadt, war Fotograf und Künstler.
Er wuchs im österreichischen Linz und in Däne-
mark auf, studierte von 1928 bis 1931 Malerei
bei Fernand Léger in Paris und kam über die
Reproduktion eigener Werke wie Gemälde und
Zeichnungen an die Fotografie.

Seine Bekanntheit in Fotokreisen verdankt
Heinrich Heidersberger insbesondere seinen
Architekturaufnahmen. Nach dem Zweiten
Weltkrieg avancierte er zu einem der führen-
den Architekturfotografen der Bundesrepublik.
Vor allem die namhaften Architekten der
„Braunschweiger Schule" schätzten seine
Inszenierungen der modernen Baukunst.

Aufgrund seines umfassenden künstlerischen
Verständnisses, seiner praktischen Erfahrungen
und seines Erfindungsreichtums entstanden
fotografische Bildschöpfungen, die künstlerische Prägnanz mit dokumentarischer Präzision
verbinden. Heinrich Heidersberger wagte es,
eigene Vorstellungen zu verwirklichen und
neue Sichtweisen auf scheinbar Bekanntes zu
eröffnen. Präzise Lichtführung, dramatische
Kontraste, Inszenierung des Himmels und
außergewöhnliche Perspektiven sind bild-
nerische Mittel, die Heidersbergers architektur-
fotografische Handschrift bestimmen und die

auf jüngere Fotografengenerationen stilprä-
gend wirkten.

Für den Bildband „Wolfsburg – Bilder einer
jungen Stadt", der 1963 erschien, zeichnete
der Fotograf ein einfühlsames Porträt der pros-
perierenden Modellstadt Wolfsburg. Zunächst
ohne offiziellen Auftrag der Stadt fing Heinrich
Heidersberger das Leben in den Straßen, moderne Architekturen, Plätze und Landschafts-
räume der Stadt mit seiner Kamera ein. Die
Fotografien, die heute einen wichtigen Stellenwert im Lebenswerk des 2006 verstorbenen
Künstlers einnehmen, begeisterten die damaligen Stadtväter, und Heinrich Heidersberger
erhielt den Auftrag zur Gestaltung eines Buches.

Die nachfolgende Bildserie zeigt Aufnahmen
dieser Arbeit, die ab Ende der 1950er Jahre
entstanden und zum Teil noch unveröffentlicht
sind. In der Auswahl werden Freiräume und
Plätze in ihrer bauzeitlichen Gestaltung lebendig – von den Freianlagen des VW-Bads, die
1951 erbaut wurden und bereits unter Denkmalschutz stehen, bis zur naturbelassen anmuten-
den Parkanlage rund um den Schillerteich.

BRANDENBURGER
PLATZ

Skulptur „Mutter und Kind" von Peter Szaif
am Brandenburger Platz mit dem Treiben des
Wochenmarkts im Hintergrund.

Impression am Brandenburger Platz.

Blick vom Hochring am Klieversberg
auf den Dunantplatz.

Spielende Kinder auf dem Dunantplatz.

Der Vorbereich der Läden
am Dunantplatz.

Ladenzeile des Dunantplatzes
am Eichelkamp.

HOHENSTEIN/
KREUZKIRCHE

Blick von der Laagbergstraße
zur Kreuzkirche am Hohenstein.

Wintervergnügen am Hohenstein.
Die Schlittenspur läuft in die Freianlage
zwischen Schubert- und Haydnring.

Blick von der Sandsteinformation
am Hohenstein nach Norden
mit dem VW-Hochhaus und
dem Wohnhochhaus Saarstraße
im Hintergrund.

Fußgänger an der Kreuzkirche.

WALDSCHULE
EICHELKAMP

Naturnahe Freianlagen
der Waldschule Eichelkamp.

Winterlandschaft in der Waldschule
Eichelkamp. Ein System aus überdachten
Wegen verbindet die Pavillonbauten.

WELLEKAMP

Blick von Westen auf das Wohnquartier
Wellekamp mit seinen Freianlagen.

Wäscheplatz in der Wohnsiedlung Wellekamp.

Die weitläufige Grünanlage im Zentrum des Wellekamps.

Spielskulptur „Schiff" am Wellekamp.
Die letzten Wohngebäude befinden sich noch im Bau.

Ausflug des Kindergartens zum Spielplatz am Wellekamp.

Detail der Spielskulptur.

Kinderwagen am Spielplatz Wellekamp.

Die neu angelegten Freianlagen zwischen
Ratsgymnasium und St.-Christophorus-Kirche
in den 1950er Jahren.

Freileseplatz der Kinderbibliothek
auf der Südseite des Kulturzentrums.

SCHILLERTEICH

Spaziergänger am Schillerteich.

Wintertreiben in der Grünanlage
am Schillerteich vor dem Hintergrund
der St.-Christophorus-Kirche.

folgende Seite:
Brunnenanlage auf dem Detmeroder Markt.
Buntes Treiben herrschte zur Einweihung des
Einkaufszentrums am 27. Oktober 1967.

DETMERODER
MARKT

FREIRÄUME FÜR DIE MENSCHEN

Allgemeine Gestaltungsansätze und Charakteristika
von Plätzen und begrünten Freianlagen der 1950er
und 1960er Jahre

Text: Dr. Holger Pump-Uhlmann

Wenn man über Plätze und Freianlagen spricht, ist es wichtig, sich deren Bedeutung für die Menschen bewusst zu machen. „Plätze sind Flächen in Dörfern oder Städten, frei von Häusern und ähnlichen Dingen und von Hindernissen und ihre Bestimmung ist es, Platz zu schaffen für die Gelegenheit, dass Menschen sich versammeln können, also darf man annehmen, dass das Studium der Plätze Auskunft über das Leben in dieser Welt geben kann." Diese Feststellung stammt nicht vom Autor dieser Zeilen, sondern von Petrus Berchorius, einem französischen Humanisten des 14. Jahrhunderts. Sie ist eine Huldigung an ein universelles Merkmal des Städtischen: an den öffentlichen Raum, insbesondere an den Platz, dessen nahe begrünte Verwandte der Park bzw. die Grünanlage ist. Sie hat ihre Bedeutung bis heute nicht verloren, wenngleich man in der historischen Rückschau beim Vergleich früherer Plätze mit heutigen zuweilen den Eindruck gewinnen mag.

Öffentliche Plätze schaffen Identität. Sie besitzen zudem als Treffpunkte eine bedeutende gesellschaftliche Komponente. In den 1950er und 1960er Jahren, als das Rollenverständnis der Geschlechter noch ein anderes war als heute und als Begriffe wie „Ganztagsschule" und „Kinderhort" noch ungebräuchliche und

deshalb unverständliche Begriffe im Westen Deutschlands waren, spielten Plätze und Grünflächen eine zentralere Rolle im Alltag insbesondere von Frauen, Kindern und Jugendlichen, als heute. Sie dienten als Marktplätze, Treffpunkte, Spielplätze, als Orte für Freizeit und Sport und als Freiraum aus zum Teil sehr beengten Wohnverhältnissen. Der Kinderreichtum jener Jahre trug dazu bei, dass die Plätze und Grünflächen viel stärker frequentiert waren, als dies heutzutage der Fall ist. Auch wenn es vielerorts nicht gestattet war, Grünflächen zu betreten, schufen diese Freiräume trotzdem – ebenso wie Parks und Plätze – den Menschen nach dem Krieg eine neue und unbelastete Heimat, vor allem jenen, die ihr Zuhause durch Krieg und Flucht verloren hatten. Eine Identifikation mit der Natur war ideologisch unverfänglich. Grünanlagen waren im doppelten Sinne „Entlastungsräume": Sie waren gleichermaßen Gartenersatz und Raum zwischenmenschlicher Begegnung und Aktivität.

Die im Vergleich zu heutigen Zeiten geringere Mobilität führte zudem dazu, dass die Menschen ihr Leben auf den unmittelbaren Lebensraum in ihrem Quartier fokussierten. Die Nahversorgung erfolgte meist über unmittelbar in den Quartieren ansässige Einzelhändler und Dienstleister. Die zahlreichen dezentralen

Stadtteilmärkte Wolfsburgs geben noch heute ein anschauliches Zeugnis davon ab.

Veränderte Raumauffassung in der Nachkriegszeit

Mit dem Prinzip des „fließenden Raums" kam in der Nachkriegszeit ein anderes Raumbewusstsein auf. Dieses Raumverständnis steht in deutlichem Kontrast zu den strengen, räumlich geschlossenen Straßenräumen der Stadt des 19. Jahrhunderts und zum Teil auch des frühen 20. Jahrhunderts, wie es in Wolfsburg im innerstädtischen Wohnquartier der Höfe noch zu erkennen ist. An die Stelle der beidseitig mit Fassadenwänden geschlossenen Korridorstraßen trat in der Zeit des Wiederaufbaus die Straße als Freiraum, eingebettet in Grünanlagen, aus denen sich in asymmetrischer Streuung Einzelbauten erhoben. Das Zurücktreten der Gebäude vom Straßenrand der nun breit angelegten und dynamisch ausschwingenden Straßen zeigte ein neues Verständnis von Raum, Zeit und Geschwindigkeit. Das Auto wurde zum allgemein akzeptierten Fortschrittssymbol und die Beschleunigung des Verkehrsflusses zur Richtschnur der Stadtplanung. Neue räumliche Qualitäten gewannen diese für die Wiederaufbauzeit typischen Verkehrsbänder immer dann, wenn sie mit einer rhythmischen Reihung von Solitärbauten ein der Fahrgeschwindigkeit angemessenes Raumerlebnis ermöglichten.

Neue Stadträume im klassischen Sinn entstanden jedoch eher im statischen Erlebnisbereich der Fußgänger. Gestaltete Stadträume in geschlossenen Formen waren durch die repräsentativen Planungen und Platzgestaltungen der NS-Zeit als Selbstdarstellung staatlicher Macht verrufen. Die Zukunft galt dem aufgelösten, fließenden und möglichst durchgrünten Raumkontinuum, mit dessen Hilfe die Stadt in einzelne Einheiten gegliedert werden sollte. Folglich wendeten sich die Bauten häufig kammartig mit ihren Schmalseiten der Straße zu. Die Grünflächen „umflossen" im Sinne eines „Distanzgrüns" die Wohnhauszeilen. Innerhalb des grünen Freiraums der Stadtlandschaft wurden Wohnsiedlungen locker gruppiert und den Wohnwert beeinträchtigende Funktionen wie Industrie und Gewerbe verbannt. Diese Charakteristiken prägten und prägen die Stadt Wolfsburg wie kaum eine andere.

In der Zeit des Wiederaufbaus und der anschließenden Wirtschaftswunderzeit gab es somit nicht zuletzt aufgrund der neuen städtebaulichen Ideale der „Stadtlandschaft" beziehungsweise der „gegliederten und aufgelockerten Stadt" ein gesteigertes Interesse an öffentlichen Grünflächen. Als Gegenbild zu den Trümmerlandschaften und aus dem starken Wunsch nach Erneuerung heraus entstanden intensiv gestaltete Freiräume von großer Leichtigkeit und ansprechender Wohnlichkeit. Parallel dazu wurden aber auch geometrische, rasterförmige Parkbereiche sowie Stadt- und Quartiersplätze angelegt.

Zahlreiche öffentliche Grünanlagen und Plätze dieser Zeit haben bis heute überdauert und stellen bedeutende Zeugnisse des gesellschaftlichen, politischen, wirtschaftlichen und kulturellen Aufbruchs der Nachkriegs- und Wirtschaftswunderzeit dar. Dazu gehören Parks, Stadtplätze, Friedhöfe, Spielplätze und Grünzüge – so auch in Wolfsburg.

Wolfsburg – Prototyp für den Nachkriegsstädtebau

In den 1950er und 1960er Jahren wurde das Volkswagenwerk zum Symbol des wirtschaftlichen Aufschwungs in Westdeutschland. Aufgrund eines rapiden Anstiegs der Beschäftigten- und Einwohnerzahlen wurde die Stadt rasch ausgebaut. Die Einwohnerzahl wuchs von 25.422 im Jahre 1950 auf 93.546 im Jahre 1971.[2] Die Stadt Wolfsburg wurde zum Paradebeispiel einer konjunkturgesteuerten Stadtplanung. Der ständig steigende Arbeitskräftebedarf des Volkswagenwerks hatte einen ebenso rapide wachsenden Wohnungsbedarf zur Folge.

Die Wohnungsnot wurde eindrucksvoll mithilfe des sozialen Wohnungsbaus überwunden. Zwischen 1950 und 1970 entstanden zahlreiche neue Stadtteile: Ostsiedlung, Köhlerberg, Hohenstein, Wohltberg, Hageberg, Laagberg, Rabenberg, Hellwinkel, Eichelkamp, Klieversberg, Tiergartenbreite, Teichbreite und Detmerode sowie in Teilen Westhagen. Mit dieser rasanten Entwicklung musste auch die infrastrukturelle Ausstattung der Stadt Schritt halten. Stadtteil- und Versorgungszentren dienten als Marktplätze, Parks und andere Freiflächen der Erholung, das heißt freizeitlichen und sportlichen Aktivitäten. Die Stadt entwickelte sich von einer Werkssiedlung zu einem modernen Gemeinwesen.

Sah der ursprüngliche Plan der Stadt von 1938 noch eine eher traditionelle, geschlossene Form des Stadtgebiets um ein Zentrum (Klieversberg) vor, entstand das neue Wolfsburg nach dem Krieg nicht als geschlossene Siedlung, sondern als dezentral angelegtes Gebilde, das der Expansion der Einwohnerschaft genügend Raum bot. Es öffnete sich zur Landschaft und war mit dieser verflochten.

Wolfsburg bildete damit eine offene Stadtlandschaft, in der klar voneinander abgegrenzte Baugebiete in die Natur eingebunden waren.

In Nachbarschaften gegliedert, enthielten diese jeweils einen eigenen Kern mit Einkaufsmöglichkeiten, während ein differenziertes Verkehrssystem mit anbaufreien Straßen und getrennt geführten Fußwegen für ruhiges Wohnen sorgte. Die Grünzüge waren das gestalterische Mittel, sowohl unliebsame Nutzungen zu trennen als auch grüne Verbindungen innerhalb der Stadt und in die Landschaft zu schaffen. Das „fließende" Grün der neuen Wohnsiedlungen wurde als Teil des städtischen Grünsystems begriffen. Schule und Einrichtungen für Spiel und Sport fanden hier ihren Platz, erreichbar über eigene Fußgängerverbindungen abseits der Straßen. Wolfsburg entwickelte sich zu einem Prototyp einer durch Grünzüge gegliederten und aufgelockerten Stadt, welche zum Leitbild des westdeutschen Nachkriegsstädtebaus wurde.

Plätze der 1950er und 1960er Jahre

Auch wenn infolge eines anderen die Wiederaufbauzeit bestimmenden städtebaulichen Leitbilds, dem der „verkehrsgerechten Stadt", in nahezu allen Städten massive Eingriffe in die Struktur von Plätzen stattfanden, waren Plätze in den 1950er und 1960er Jahren mehr als unbebaute Stellen in der Stadt. Obwohl Plätze häufig monofunktionaler angelegt wurden als in der Vorkriegszeit, so spielten

sie als Urelemente des Städtischen weiterhin eine wichtige Rolle als Treffpunkte der Stadtbewohner. Sie sind aber auch weiterhin Handelsräume und repräsentative stadträumliche Zentren oder einfach Verweilorte oder Erholungsräume. Die generellen gestalterischen Prämissen dieser Epoche sind die Abkehr von Monumentalität, Axialität und Symmetrie hin zu leichten, offenen Strukturen und freien Formen.

Der Wandel der Raum- und Architekturauffassung der Nachkriegszeit zeigt sich sehr anschaulich an einigen der in den 1950er Jahren geschaffenen Wolfsburger Plätze. Der 1952 neu angelegte Robert-Koch-Platz (siehe Seite 110–113) steht als innerstädtischer Schmuckplatz noch ganz in der Tradition allseitig geschlossener Plätze. Er ist ein dreiseitig von Bebauung und allseitig von Straßen umfasster Platz, in dessen Zentrum sich eine von Norden nach Süden erstreckende Grünfläche befindet, die axialsymmetrisch auf den Eingang des mit einem Glockenturm versehenen ehemaligen Gebäudes der Betriebskrankenkasse ausgerichtet ist. Der Raum öffnet sich nach Süden zum Straßenraum der Schillerstraße und bildet so als Vorbereich des heute zur Ostfalia gehörenden Hochschulgebäudes einen städtebaulichen Blickpunkt.

Eine ganz andere Auffassung weist das Kleinod des ab 1959 errichteten Dunantplatzes (siehe Seite 86–91) auf. Der Platz hat seinen Charakter bis heute relativ unbeschadet bewahren können. Dieses Nahversorgungszentrum für den Stadtteil Eichelkamp weist an drei Seiten eine Bebauung auf. An südlicher Seite handelt es sich um eine geschlossene Bebauung. Im Erdgeschoss der rhythmisch zwischen einer zwei- und dreigeschossigen Bauweise wechselnden Gebäudezeile befinden sich Einzelhandelsgeschäfte und Dienstleister. Die zweigeschossigen Bauten treten aus der Bauflucht der dreigeschossigen Bauten zurück. Die Gebäudezeile säumt den nach Norden zum Hochring offen, trapezförmig angelegten Marktplatz, der in Teilen zugleich Parkplatz ist. Über ein separates Wegesystem gelangen die Bewohner des Eichelkamps zu Fuß zum Nahversorgungszentrum. Der Entwurf vereint zwei Prinzipien, die dieses kleine Versorgungszentrum und den Platz so wertvoll machen. Aus der liebevollen und detailreichen Platzgestaltung wird die Absicht deutlich, einen Platz mit Verweilqualität zu schaffen, der noch in der Intention eines Marktplatzes ein wenig traditionell anmutet. Das Bestreben, eine funktionale, für Autofahrer wie Fußgänger gleichermaßen bequem zu erreichende Ladenzone zu schaffen und den Einzelhandel entsprechend innerhalb eines

Quartiers zu bündeln, veranschaulicht einen neuen Trend in der Versorgung, wie er dann in den 1960er Jahren meist sehr konsequent umgesetzt wurde.

Grünanlagen der 1950er und 1960er Jahre

Die in den beiden Dekaden angelegten Grünanlagen kennzeichnen arten- und strukturreiche Pflanzungen, künstlerische Installationen und Brunnen. Insbesondere die Bundesgartenschauen und die Internationalen Gartenbauausstellungen trugen zur Entwicklung einer neuen Gartenkultur bei. Moderne Gestaltungskonzepte wurden hier regelmäßig einem breiten Publikum zugänglich gemacht. Innovative Materialien und Konstruktionen sowie offene oder schwingende Räume mit einer Möblierung aus leichten Einbauten wurden gezeigt und hatten fortan Einfluss auf die bundesrepublikanischen Freiräume.

Nach dem Krieg prägte zunächst ein malerisch-landschaftlicher Stil die gartenkünstlerische Gestaltung, wie es für den Grünraum rund um den Großen Schillerteich typisch ist. Hauptverfechter dieser Richtung in Deutschland war Hermann Mattern (1902–1971). Charakteristisch für seine Gestaltung war die Modellierung des Geländes, um auf diese Weise Räume zu bilden. Rasen und

Pflanzflächen trennte er nicht voneinander, sondern ließ sie ineinander übergehen, ähnlich sollten auch Garten und Architektur aufeinander eingehen und fließende räumliche Übergänge ermöglichen. Die genutzten Materialien waren meist noch traditionell. Nach diesen Gestaltungsprinzipien legte Mattern die Bundesgartenschau in Kassel 1955 an. In den späten 1950er Jahren entwickelte sich die Gestaltung hin zu einer eher reduziert-klassischen Form. Prominentestes Beispiel für diese Haltung waren die Außenanlagen des deutschen Pavillons auf der Weltausstellung in Brüssel 1958. Hier erhielt der Landschaftsarchitekt Walter Rossow (1910–1982) die alten Parkbäume als Hauptdarsteller eines um die Ausstellungspavillons angelegten Parks. Die Anlage selbst wurde in einer modernen, eleganten Formensprache in enger Anlehnung an die moderne Baukunst der Architekten des Deutschen Pavillons, Egon Eiermann und Sepp Ruf, angelegt. Markant war die abstrakt-modern gestaltete Wasserkunst, die zudem Ausdruck der Japan-Begeisterung der späten 1950er Jahre war.

In dieser Zeit war Walter Rossow auch in Wolfsburg tätig. Hier gestaltete er ab 1955 die weitläufigen Freiräume der Siedlung Wellekamp südlich der Heinrich-Nordhoff-Straße.

Noch eher im malerisch-landschaftlichen Sinne sah seine Planung die Pflanzung eines umfänglichen Baumbestands als räumliche Einfassung des ansonsten offenen Freiraums vor (siehe Seite 114–115).

In den 1950er Jahren begann langsam der Siegeszug des Sichtbetons, nicht nur in der Architektur, sondern auch im Garten- und Landschaftsbau, bevor er in den 1960ern seinen vollkommenen Durchbruch erreichen sollte. Ein frühes Beispiel der Anwendung dieses Materials in seinem unverkleideten Zustand bilden die skulpturalen Sprungtürme im VW-Freibad (1950–1951) innerhalb einer großzügigen landschaftsparkähnlichen Freianlage des Berliner Garten- und Landschaftplaners Wilhelm Heintz (1888–1966).

Ab Mitte der 1960er Jahre fand eine zunehmende Verwissenschaftlichung des Garten-und Landschaftsbaus statt. Der Hauptverfechter dieser Strömung war Günter Grzimek (1915–1996). Zu seinem Hauptwerk gehört der Olympia-Park in München, den er zwischen 1968 und 1972 in einer landschaftlich stark modellierten und dynamisch bewegten Weise entwickelte. Der Park war weniger malerisch angelegt als gleiche Anlagen dieser Art zuvor. Die Vegetation bestand aus Bodendeckern,

Sträuchern und Bäumen. Ziergehölze waren nicht vorgesehen, dafür aber die Anpflanzungen von „Leitbäumen" (Bäumen einer Art), um unterschiedliche Nutzungsbereiche zu markieren. Teilweise wurden auch „Ereignisbäume" einzeln oder in Gruppen gesetzt. Günter Grzimek verfolgte mit seiner Idee eines „Leistungsgrüns" das funktionell, sozial, therapeutisch, hygienisch und biologisch wirksamste Grün zu schaffen, das durch ein Minimum an Aufwand für seine Pflege zu erreichen war. Zudem war er der Auffassung, dass sich die Ästhetik einer Grünanlage nicht nach den von künstlerischem Ausdruckswillen geprägten Idealen der Planer, sondern nach den Ansprüchen der Benutzer bestimmen soll („Benutzerpark"). Diese Entwicklung fand in Wolfsburg jedoch erst in den kommenden Dekaden in Ansätzen wie zum Beispiel beim Allerpark ihren Niederschlag.

Elementare Gestaltungsprinzipien
Im Folgenden sollen überblicksartig die einzelnen Gestaltungsprinzipien und gestalterischen Elemente dargestellt werden, nach denen Plätze und grüne Freiräume in den beiden Dekaden nach dem Krieg angelegt wurden.

Grundstruktur und Raumbildung
Die Plätze dieser Zeit sind häufig als offene, nicht allseitig geschlossene Räume gestaltet.

Selten sind sie symmetrisch angelegt wie der Robert-Koch-Platz, sondern eher in asymmetrischen Formen, das heißt nicht rechtwinklig, sondern zum Beispiel trapezförmig wie der Dunantplatz (siehe Seite 86–91) und der Hansaplatz in der Teichbreite oder dreieckförmig wie der Brandenburger Platz (siehe Seite 74–77). Die Räume gehen dabei fließend in die angrenzenden Straßen- oder Freiräume über, sind also nicht allseitig geschlossen. Der Mitte der 1960er Jahre errichtete Detmeroder Markt ist dagegen als Neuinterpretation eines Markt-und Kirchplatzes eine Ausnahme. Er bildet den räumlichen Kreuzungspunkt zweier Wegeverbindungen durch das als Stadtzentrum neu angelegte Einkaufszentrum.

In den Grünanlagen bieten häufig separate Kleinräume unterschiedliche Nutzungsmöglichkeiten für unterschiedliche Nutzergruppen, beispielsweise Spielplätze für Kinder verschiedener Altersstufen (Grünanlage Wellekamp, siehe Seite 114–115) oder auch abgetrennte Sitzecken wie zum Beispiel bei der Terrassenanlage zwischen dem Theater und der Stadthalle (siehe Seite 122–123).

Ein hierarchisch geordnetes und meist leicht geschwungenes Wegesystem verbindet die verschiedenen Parkbereiche miteinander wie zum

Beispiel in der Grünanlage Kreuzkirche (siehe Seite 78–83). Untergeordnete Wege sind oft deutlich schmaler als die Hauptwege und von anderer Materialität. Einige Wege winden sich stellenweise tief in die vorhandene Vegetation hinein – so können die Besucher die Natur intensiv wahrnehmen, wie beispielsweise im Umfeld der Waldschule Eichelkamp (Seite 94–97).

Dichte Gehölzpflanzungen begrenzen die Anlage häufig nach außen. Nach innen öffnet sich der Park dagegen dann zu weitläufigen, unzerschnittenen Rasenflächen, wie es zum Beispiel in den Grünanlagen Kreuzkirche und Wellekamp oder im Schillerteichpark zu sehen ist. Besondere Gärten innerhalb von Grünanlagen wie Rosengärten oder spezielle Nutzungsflächen, zum Beispiel Minigolfanlagen oder Rollerbahnen, bieten Möglichkeiten für unterschiedliche Freizeitaktivitäten. Die vorgefundene Topografie wird in aller Regel geschickt genutzt, um verschiedene räumliche Qualitäten erlebbar zu machen: Vertiefungen sind eine beliebte Lage für Spielplätze oder Teichanlagen. Erhöhungen werden durch Sitzplätze betont und Terrassierungen steiler Böschungen als Pflanzflächen genutzt, wie bei der Terrassenanlage zwischen dem Theater und der Stadthalle (siehe Seite 56–57) oder der Grünanlage Kreuzkirche (siehe Seite 38–39).

Bodenbeläge

Materialknappheit als Folge des Krieges erforderte zunächst eine sparsame und einfache Bauweise. Baustoffe wurden – wenn möglich – „recycelt". So wurden Trümmerreste zerstörter Anlagen zusammengetragen, entweder wieder neu aufgebaut oder an anderer Stelle wiederverwendet.

Bei der Auswahl der Bodenbeläge standen neben der Wirtschaftlichkeit vor allem Funktionalität und Sicherheit der Materialien im Vordergrund. Natursteinplatten wie roter Wesersandstein wurden in rasterförmigen oder polygonalen Verbänden großflächig verlegt. Häufig handelt es sich um bruchraue Natursteinplatten mit breitem, versetztem Fugenbild. Granit und Basalt fanden dagegen als kleinteilige Mosaikpflaster Verwendung. Ab Mitte der 1950er Jahre und vermehrt in den 1960er Jahren prägen Betonformsteine und Waschbeton sowohl die Pflasterungen neuer Plätze als auch die gepflasterten Flächen in den Parkanlagen.

Die Vielfalt der Verlegemuster ist groß. Bei Flächen mit Natursteinen gibt es sowohl römische wie wilde Verbände, bei den Betonplatten primär Halb- oder Reihenverbände. Die Art der Verlegung beeinflusst sowohl die Charakteristik der Flächen als auch den zu leistenden Arbeitsaufwand. Besonders markante Beispiele in Wolfsburg sind der Dunantplatz und der Brandenburger Platz (siehe Seite 86–91 bzw. 74–77). Der Bodenbelag des breiten, unmittelbar vor den Geschäften gelegenen Gehwegs am Dunantplatz besteht aus einem Plattenbelag mit schwarzen und weißen Querstreifen. Der Bodenbelag des Platzes selbst zeigt dagegen größere und kleinere Kreise bzw. Kreissegmente, die mit Kunststeinplatten, Mosaikkleinpflaster und Klinkern sehr abwechslungsreich gestaltet wurden. Die Struktur des Pflasters korrespondiert mit dem an westlicher Platzseite befindlichen Brunnen, der aus sich überschneidenden kreisförmigen Schalen besteht. Die Oberfläche des Brandenburger Platzes dagegen ist relativ einheitlich aus in Reihen verlegten rötlichen Pflastersteinen ausgebildet. Weiße dreistreifige Pflasterbänder, die an ein antikes Mäanderband erinnern, bilden hierauf ein ganz spezifisches Muster. In den Parks wurden primär kostengünstige Beläge aus wassergebundener Wegedecke, partiell in Kombination mit Natursteinen als seitlicher Begrenzung, oder zum Teil als einfache Asphaltdecke gewählt.

Einfriedungen

Häufig werden niedrige Mäuerchen eingesetzt, um einzelne Park- oder Platzbereiche zu begrenzen oder diese räumlich voneinander abzugrenzen wie zum Beispiel beim Freileseplatz der Kinderbibliothek auf der Südseite des Kulturzentrums in der Innenstadt (Seite 25). Als lang gestreckte, kniehohe Mauerzüge bieten sie Sitzmöglichkeiten für die Menschen wie bei der Grünanlage im Stadtteil Hohenstein (Seite 38–39). Sie dienen auch als Einfassung von Spielplätzen, besonderen Beeten, Wasserbecken oder Sondergärten sowie als Denkmalsockel oder Hangbefestigung. Ihre Formgebung wird durch die Funktion bestimmt, der sie dienen.

Aufgrund der finanziellen und materiellen Knappheit nach dem Krieg werden in erster Linie regional vorkommende Natursteine im Mauerbau eingesetzt. So sind Stütz- und Sitzmauern aus rotem Wesersandstein wie beim Robert-Koch-Platz (siehe Seite 112–113) zahlreich anzutreffen. Die rotbraune Farbe des Sandsteins harmoniert besonders gut mit dem Grün der Vegetation. Abdeckplatten schützen die Mauern vor Witterungsschäden.

Stützmauern kommen ebenfalls, wenngleich deutlich seltener zur Anwendung. So wurde bei der Bundesgartenschau Kassel 1955 exemplarisch die Terrassierung und Bepflanzung eines mit Trümmerschutt aufgefüllten Abhangs zwischen Stadt und Karlsaue der Öffentlichkeit vorgestellt. Nach diesem Vorbild wurden dann in Folge häufig geschützte und intime Rückzugsräume gestaltet. Für deren Errichtung verwendete man sowohl Natursteine, Bruchsteine, Backsteine oder Hartbrandklinker als auch Ortbeton und Waschbeton. In Wolfsburg ist die – leider etwas verwahrloste – Terrassenanlage zwischen dem Theater und der Stadthalle (siehe Seite 56–57) ein solches Beispiel.

Bepflanzungen

In den Parks der kriegszerstörten Städte wurden zunächst meist schnell wachsende Pionierbäume wie Birken oder Pappeln gepflanzt, um zerstörte Baumbestände zu ersetzen. Eichen, Linden, Ahorne und andere langlebige Arten setzte man als Folgepflanzungen ein. Als Blickfänger wurden Blütengehölze wie Rhododendron, Weigelie oder Perlmuttstrauch gepflanzt. Forsythien, Magnolien und andere frühblühende Arten sorgten am Jahresbeginn für Farbakzente, buntlaubige Gehölze sowie solche mit einer intensiven Herbstfärbung für spätere Farbakzente. Immergrüne Bäume und Sträucher sollten das ganze Jahr hinweg für Farbe und Textur sorgen. Sehr beliebt waren insbesondere üppige Rhododendron-Pflanzungen, sie bildeten neben klein bleibenden Nadelgehölzen wie Wachholder oder Eibe eine dichte Strauchschicht. Rosenbeete wurden ebenfalls sehr zahlreich angelegt und sorgten für zusätzliche Sinnesreize.

Farbenfrohe Schmuckbeete auf Stadtplätzen und Grünanlagen brachten Farbe in das Grau des Nachkriegsalltags und setzten der Tristesse im Zusammenspiel mit Wasserspielen und Kunst etwas Sinnliches entgegen. Für Wolfsburg ist hier besonders das Schmuckbeet des Robert-Koch-Platzes zu nennen.

Zu der typischen Ausstattung von Plätzen, aber auch von öffentlichen Grünanlagen zählen Blumenkübel und Hochbeete, die dekorative Pflanzungen einfassen. Pflanzkübel und -schalen traten in unterschiedlichsten, meist runden Formen auf. Diese Pflanzgefäße wurden als skulpturale Solitärobjekte oder in Gruppen inmitten der offenen Flächen platziert. Fest stehende Hochbeete wie beim Marktplatz Rabenberg (siehe Seite 52–55) wurden dagegen meist geometrisch gestaltet. In der Regel sind sie stärker in die Gesamtanlage integriert, können aber auch frei stehen. Materialien wie Eternit, Beton oder Waschbeton ermöglichten eine vielfältige Gestaltung. Hochbeete wurden meist aus Beton, aber auch in Naturstein hergestellt. Die Pflanzgefäße waren meist sehr stabil und solide; selbst scheinbar frei schwebende Pflanzschalen waren in Wirklichkeit schwer und immobil. Das Gesamtbild der Pflanzgefäße rundeten üppige blütenreiche Pflanzungen ab.

Kleinarchitekturen

Typische Elemente von Grünanlagen der Zeit sind Kleinarchitekturen. Sehr häufig sind frei stehende Überdachungen und Pergolen anzutreffen, wie zum Beispiel die Pergola der Wasserterrassen im Rheinpark, Köln, 1957 oder die Pergola der Terrassenanlage zwischen dem Theater und der Stadthalle (siehe Seite 57) als Wolfsburger Beispiel. Aber auch die Integration kleiner Cafés und Pavillons in die Parkanlagen sind charakteristisch für diese Zeit. Ihr Aussehen ist vielfältig, ihr Vorhandensein jedoch maßgeblich für die Parkanlagen der 1950er und 1960er Jahre.

Die verwendeten Materialien reichen auch hier von traditionellen Baustoffen wie Naturstein oder Holz bis zu neuen Werkstoffen wie Stahl, Fasercement, gefärbte Betonplatten oder Waschbetonteile. Die Formensprache dieser Kleinarchitekturen ist sehr unterschiedlich. So zitieren einige Konstruktionen noch die Strenge und Schwere der 1930er Jahre, wie zum Beispiel massive Pergolen aus Natursteinstelen und groben Holzauflagen, die kombiniert sind mit dicken Natursteinmauern. Andere Bauwerke sind dagegen von deutlich grazilerer Gestalt. Geschwungene, heitere Formen lassen sich insbesondere bei den überstehenden Dächern der Parkcafés oder auch bei Kiosken finden, wie es beim Pavillongebäude in der Parkanlage Goethestraße 47

noch zu finden ist. Auch Kombinationen unterschiedlicher Materialien sind häufig anzutreffen. Zum Teil werden auch leichte Stahlkonstruktionen aus vorgefertigten Elementen zu bodenständigem Werkstein kontrastiert.

Spielplätze

In der Nachkriegszeit wurden Spielflächen auf Brachflächen und in den Straßen immer seltener. Zunehmender Wohnungsbau und Verkehr in den 1950er und 1960er Jahren erforderten deshalb ein Umdenken bei der Planung öffentlicher Grünanlagen und Plätze. So erhielten die Kinder in Parks und auf Plätzen neue Spielräume, auf denen sie sicher spielen konnten. Das Angebot reichte von einfachen Sandkisten bis hin zu eigenen Sand-, Wasser- und Gerätespielplätzen. Schul-, Lehr- und Verkehrsgärten wie der ehemalige Schulgarten in der Grünanlage der Pestalozzischule (siehe Seite 124–125) sollten die Kinder aufs Leben vorbereiten. Neben klassischen Spielgeräten wie Wippen, Rutschen oder Klettergerüsten weckten vor allem innovative Elemente wie Wasserspielplätze Begeisterung bei den Kindern. Typisch war auch die Verwendung von bunt lackierten, geschwungenen Metallelementen wie bei der Spielskulptur „Schiff" (Seite 21–23), die heute nicht mehr vorhanden ist und sich in der Freianlage des Wellekamps befand. Aber auch Spielgeräte aus Holz in

Form von Baumstämmen und Wurzeln zum Klettern waren häufig anzutreffen. Skulpturale Elemente wie Tierfiguren wurden oft in die Gestaltung integriert. Charakteristisch für den Funktionalismus dieser Zeit ist auch, dass jeder Altersklasse ein geeignetes Spielgerät bzw. ein eigener Spielbereich angeboten wurde. So entstanden sehr individuelle Spielangebote wie Indianerspielplätze, Bodenspielfelder, Verkehrsübungsplätze oder Rollerbahnen.

Mobiliar

Auf den Plätzen und in den Parks wurden Sitzmöglichkeiten in vielfachen Varianten angeboten. Neben klassischen Bänken ermöglichten fest installierte Sitzgruppen Gespräche und gemeinsames Spiel. Bewegliches Mobiliar wiederum ließ eine flexible Anordnung durch die Besucher selbst zu. Geselligkeit und soziale Interaktion wurden auf beide Weisen gefördert. Die Sitzmöglichkeiten sollten auch die Aufenthaltsqualität verbessern. Die Bänke wurden deshalb an manchen Orten mit Holzauflagen versehen oder ergonomisch für ein angenehmes Sitzen geformt, zum Beispiel bei den beiden Bänken an der Südseite der Stephanuskirche am Detmeroder Markt. Zusätzlich erhöhten häufig Rücken- und Armlehnen die Bequemlichkeit. Die Sitzgelegenheiten wurden meistens so angeordnet, dass der Besucher in den offenen Raum blickt, geschützt durch eine rückwärtige Hecke oder bauliche Konstruktion. Sitznischen wie bei der Terrassenanlage zwischen dem Theater und der Stadthalle (siehe Seite 122–123) verstärkten das Gefühl von Intimität und Geborgenheit. Alternativ wurden Bänke oder Stühle an Plätzen positioniert, die eine Übersicht über die Parkanlage boten.

Wasseranlagen

Zu den Wasseranlagen zählen sowohl Teiche und Beckenanlagen mit und ohne Fontänen, Trinkbrunnen sowie kleine Vogeltränken. Teiche wurden meist in geschwungener Form, häufig nierenförmig angelegt, während Brunnen oder Wasserbecken sowohl in streng geometrischen Formen (siehe Wasserbecken auf dem Brandenburger Platz und auf dem Detmeroder Markt) wie auch in freien Formen entstanden. Charakteristische Materialien sind Natursteine wie Muschelkalk und Beton. Der auf dem Dunantplatz angelegte Brunnen ist ein sehr anschauliches Beispiel seiner Zeit. Dieser den Platz aufgrund seiner leicht erhöhten Position beherrschende Brunnen wird von Bäumen, Rabatten und Sitzbänken umsäumt. Die Brunnenplastik zeigt eine aus Kreisen zusammengesetzte Skulptur. Der Brunnen sorgt so für einen lebendigen Akzent auf dem Platz. Das Plätschern des Wassers kann von nahe liegenden Sitzgelegenheiten wahrgenommen werden, ist aber heute wegen der Ausweitung der Pkw-Parkplätze bis an diesen Bereich seiner ursprünglichen Qualität beraubt.

Kunstobjekte

In den 1950er Jahren fanden erste Ausstellungen von Kunstwerken, insbesondere von skulpturalen Plastiken für eine breite Öffentlichkeit im Rahmen von Gartenschauen statt. Während bei den temporären Sonderausstellungen vorzugsweise Originale ausgestellt wurden, bediente man sich bei der Ausstattung öffentlicher Plätze und Grünanlagen häufig Abgüssen aus Bronze oder Kopien aus anderen beständigen Materialien. In Wolfsburg können die Skulptur „Mutter und Kind" des Bildhauers Peter Szaif von 1958 als Teil der Brunnenanlage auf dem Brandenburger Platz sowie die von dem gleichen Künstler stammenden Skulpturen der Brunnen auf dem Dunantplatz und auf dem Detmeroder Markt als Beispiele der 1950er und 1960er Jahre bewundert werden.

Eine Zukunft für dieses wichtige Kapitel aus Wolfsburgs Vergangenheit!

Wenn öffentliche Plätze und begrünte Freianlagen einer Stadt Identität verleihen, dann sollte dieses kulturelle Erbe unbedingt gepflegt werden. Mit Fug und Recht lässt sich behaupten, dass die öffentlichen Freianlagen der 1950er und 1960er Jahre in Wolfsburg allein aufgrund ihrer Anzahl, aber auch aufgrund ihrer Qualität ganz wesentlich zur Identität der Stadt und ihrer zahlreichen Siedlungen und Quartiere beitragen. Sie bilden gewissermaßen die innerstädtischen Kommunikationsorte einer Zeit, in der die Menschen es noch gewohnt waren, sich vor ihrer Haustür mit Freunden oder Nachbarn zu treffen. Es sollte nicht schwer sein, diese Orte aus ihrem Dornröschenschlaf zu wecken und sie ihrer ursprünglichen Bestimmung wieder zugänglich zu machen.

Wenngleich vieles an diesen Orten in der Vergangenheit verändert oder sogar in Gänze abgetragen wurde, so ist doch noch einiges aus ihrer Entstehungszeit erhalten geblieben. Unvorteilhafte spätere Veränderungen lassen sich wieder rückgängig machen. Es ist nicht nur Aufgabe von Denkmalpflegern und Historikern, dieses Erbe zu erhalten, sondern eine gemeinschaftliche Aufgabe aller für diese Stadt Verantwortung tragenden Menschen. Diese Publikation soll dazu sensibilisieren.

1 zitiert nach: Spengelin, Friedrich: Das verzerrte Gebilde Großstadt. In: Der Architekt, Nr. 7–8, 1985, S. 318
2 Siegfried, Klaus-Jörg (Hrsg.): Wolfsburg – Zwischen Wohnstadt und Erlebnisstadt. Materialien zu Städtebau, Architektur, Wohnen, Urbanität. Braunschweig 2002, S. 13 bzw. 38

IMPRESSIONEN 2017 – EIN AKTUELLER RUNDGANG

ALI ALTSCHAFFEL

Fotoarbeiten an der Kreuzkirche, 2017.

Der Wolfsburger Künstler, Grafiker und Fotograf Joachim Ali Altschaffel ist in der Region mit seinen Arbeiten auf vielfältige Art und Weise präsent. Ob Collagen, Fotografie, Film und Zeichnungen, Medienprojekte, Grafik oder Layout – Ali Altschaffel nutzt ganz verschiedene künstlerische Mittel, um Motive aus seinem Alltag umzusetzen. Ein besonderer Blick auf die Natur und Architektur zeichnet seine Fotografien aus, die überregional und international unter anderem mit Ausstellungen in den Wolfsburger Partnerstädten Togliatti/Russland, Marignane/Frankreich und in Zahara de Los Atunes in Andalusien gezeigt wurden. Für seine Arbeit „Strange World Animation" hat er 2016 den arti Kunstpreis in Gold erhalten, den der Wolfsburger Kunstverein vergibt.

Die aktuelle Bildserie zu den Plätzen und Freianlagen in Wolfsburg ist im Herbst 2017 als freie Arbeit für das Forum Architektur der Stadt Wolfsburg entstanden. Ali Altschaffels Fotografien fragen nach den Qualitäten dieser Orte mehr als fünf Jahrzehnte nach ihrer Entstehung. Sie spielen mit dem verschiedenen Tageslicht und fangen so die Stimmungen der Orte ein.

GRÜNANLAGE
KREUZKIRCHE

Blick von Norden auf die Terrassenanlage
an der Kreuzkirche.

Spazierwege durch die Grünanlage
der Kreuzkirche.

Hohensteine.
Markante Gesteinsformation
an der Kreuzkirche.

GRÜNANLAGE
SCHUBERTRING /
HAYDNRING

Blick vom Hohenstein nach Norden.
Der Park läuft in die grüne Fuge
zwischen Schubert- und Haydnring.

GRÜNANLAGE
STEIMKER BERG

Blick vom Durchgang am Marktplatz
auf die Grünanlage in Richtung Hasselbachtal.

Teilweise bepflanzte Brunnenanlage
am Brandenburger Platz mit
der Skulptur „Mutter und Kind".

BRANDENBURGER
PLATZ

DUNANTPLATZ

Herbstimpression
am Dunantplatz.

Detail der Brunnenanlage
von Peter Szaif.

EINKAUFSZENTRUM
EICHELKAMP

Einfahrt in den Eichelkamp.
Blick auf die denkmalgeschützte Nordseite.

Südliche Gebäudegruppe
des Einkaufszentrums.

MARKTPLATZ
RABENBERG

Herbststimmung
am Marktplatz Rabenberg.

Blick von Nordwesten
aus der Rabenbergstraße.

Großer alter Baumbestand
prägt den Platz in der Waldsiedlung.

Stellfläche für Wochenmarkt
und Veranstaltungen.

STADTHALLE
TERRASSENANLAGE

Blick vom Wiesenhang des Klieversbergs
auf die Terrassenanlage.

Verborgen liegt ein mit einer Pergola
überdachter Sitzplatz.

WELLEKAMP

STILLE ZEITZEUGEN DER AUFBAUJAHRE

Anregungen zum künftigen Umgang mit den Plätzen
und Grünanlagen der 1950er und 1960er Jahre

Text: Prof. Ariane Röntz

Freiräume der 1950er und 1960er Jahre gelten gemeinhin schnell als langweilig, scheinbar ungeplant, als „Abstandsgrün" – was häufig eine gravierende Fehlinterpretation darstellt. Tiefgreifende kulturelle, soziale, wirtschaftliche und gesellschaftliche Veränderungen in den letzten Jahrzehnten haben unser Verhältnis zum Freiraum und vor allem die Erwartungshaltung an unser städtisches Umfeld stark verändert. Wir nehmen unsere Umwelt damit auch anders wahr. So verwundert es nicht, das die „stillen", in der Wahl der Mittel reduzierten und feinsinnigen Orte der damaligen Zeit gegenüber ihren häufig „lauten und bunten Verwandten" der Jetztzeit unbeachtet bleiben, ja, sogar wertlos anmuten und in Folge eine stiefmütterliche Behandlung erfahren.

Erst seit einigen Jahren geraten die Freiräume der Nachkriegsmoderne zunehmend in den Blick, zunächst in den der Fachöffentlichkeit. [1] So trafen sich im September 2014 Gartenhistoriker zum Thema „Grünräume der 1950er und 1960er Jahre zwischen Verlust, Schutz und neuer Wertschätzung" zu einem internationalen Kongress. Als Ergebnis des fachlichen Austausches beschlossen sie die sogenannte Wiener Erklärung zur Nachkriegsmoderne. „Nachkriegszeit, Wiederaufbau und der wieder zunehmende Wohlstand prägten zwei Dekaden, die seiner-

zeit als Aufbruch in eine neue Zeit an vielen Stellen Maßstäbe gesetzt haben. Wie die Bauten jener Jahre spiegeln die Grünanlagen den Zeitgeist der 1950er und 1960er Jahre wider. Dieser trug einerseits traditionelle Leitbilder und Gestaltungsauffassungen weiter, andererseits brachte er auch fortschrittliche Planungs- und Gestaltungsideen hervor. Deren gestalterische Wurzeln reichen bis in die erste Hälfte des 20. Jahrhunderts und teilweise bis zum Ende des 19. Jahrhunderts zurück und sind auch durch Brüche und Verluste gestalterischer und sozialer Ansätze der frühen Moderne im Nationalsozialismus und die Verdrängung dessen in der Zeit danach geprägt. Die Suche nach einer Formensprache als Ausdruck einer neuen gesellschaftlichen Identität mündete so in den typischen Stil der 1950er sowie der 1960er Jahre."[2]

Dass auch die Freiräume zu unserem baukulturellen Erbe gehören und vom gesellschaftlichen, politischen, wirtschaftlichen und kulturellen Wandel erzählen, hat umso mehr Gültigkeit in einer Stadt wie Wolfsburg, deren Geschichte erst vor 80 Jahren zur Zeit des Nationalsozialismus auf dem Reißbrett begann und die „auf der grünen Wiese" entstanden ist. Wolfsburg verfügt nicht wie viele andere Städte über einen zentralen, dichten Stadtkern, von dem aus der Stadtkörper mehr oder weniger konzentrisch gewachsen ist. Ihre besondere Entstehungsgeschichte prägt sich bis heute in eine Stadtstruktur ein, die sich aus vielen verschiedenartigen, klar ablesbaren Siedlungen zusammenfügt, die in die Landschaft eingebettet sind. Zur Wolfsburger Identität gehört das „naturnahe" Wohnen: ein aufgelockerter, „durchgrünter" Städtebau bietet ausreichend Freiraum direkt vor der Haustür und man ist fast überall zu Fuß oder zumindest mit dem Rad in wenigen Minuten im Stadtwald. Zudem verfügen die einzelnen auf sich bezogenen Wohnsiedlungen über jeweils eigene Quartiersplätze und kleine Parks.

Die Bauprojekte der Nachkriegszeit in den 1950er und 1960er Jahren waren in der Regel davon geprägt, dass die Architektur sensibel und sorgfältig in der Landschaft, dem umgebenden Freiraum verankert wurde. In Wolfsburg kann man dies auch heute noch an vielen Orten in der Stadt nachvollziehen. Gerade dieser Planungsansatz stellt einen bedeutenden, wieder höchst aktuellen baukulturellen Wert dar, der sich spürbar in einer positiv wahrgenommenen Lebensumwelt abbildet. Exemplarisch kann dies an vielen Siedlungen wie dem Wohnquartier Wellekamp oder dem Steimker Berg und auch an vielen öffentlichen Bauten wie dem Park-Schwimmbad (heute VW-Bad) im Hasselbachtal, den Freiräumen zahlreicher Schulen

oder dem Theater von Hans Scharoun nachvollzogen werden, wenngleich dieses zwar erst 1973 fertiggestellt wurde, aber bereits 1965 mit einem Wettbewerb seinen Anfang nahm.

Fallbeispiel Steimker Berg

Ein sehr starker landschaftlicher Bezug prägt diese beliebte Wohnsiedlung, deren Planungs- und Baugeschichte bereits in die 1940er Jahre zurückreicht. Durch das Stadtgartenamt erfolgte Anfang der 1950er Jahre eine Wiederherstellung, sodass bis heute eine spannende Raumfolge von Platz und Park im Übergang zur Landschaft erkennbar ist (siehe Seite 106–109). Die Siedlung ist mit ihren Freiräumen in den Eichen- und Buchenwald sowie in die vorhandene Topografie eingefügt. Daher weist der kleine, sich zum angrenzenden Hasselbachtal öffnende „Pocket-Park" einen beachtlichen Höhenunterschied von circa 1,50 Metern zur Straße Unter den Eichen auf.

Selbstverständlich ist der nationalsozialistische Siedlungsursprung in eine Bewertung und in den weiteren Umgang mit dem Ort einzubeziehen. „Die Architektur der Siedlung entspricht dem traditionalistischen NS-Ideal, das von den Vertretern der Moderne abfällig als ‚Heimatschutzstil' bezeichnet wurde. Ein kleiner Marktplatz bildet den städtebaulichen Mittelpunkt. Hier zitiert eine axial angeordnete Tordurch-

fahrt mit einem darüber angeordneten Uhrtürmchen und aufgeputzten Quadersteinen das Bild eines alten Gutshofs. Ganz offensichtlich ist eine beschauliche, bürgerlich-kleinstädtische Gesamtwirkung angestrebt."[3]

Dem Architekten Peter Koller und dem Garten- und Landschaftsplaner Wilhelm Anton Heintz, die beide mit der Generalplanung der „Stadt des KdF-Wagens" beauftragt waren, ist es jedoch unzweifelhaft gelungen, bestandsschonend und unter Ausnutzung landschaftlicher Qualitäten zu bauen, auch wenn dies ideologisch begründet und vereinnahmt wurde. Die Gesamtplanung basiert auf den topografischen Gegebenheiten, den Bodenverhältnissen und vorherrschenden Windrichtungen, unter weitmöglichster Schonung des Waldbestandes und unter Berücksichtigung wichtiger Sichtbeziehungen auf das VW-Werk, auf das Wolfsburger Schloss und in die Heidelandschaft. Werner Durth führt dazu aus, dass das „Primat der Landschaft" von Beginn an die Bedingungen vorgibt.[4]

Dass im realisierten Projekt Steimker Berg auch heute noch eine Qualität liegt, mag vor dem geschichtlichen Hintergrund zunächst erschrecken. Die große trapezförmige Wiese, die sich südlich an den Park anschließt, war vermutlich

als HJ-Aufmarschplatz konzipiert[5] – heute kann man dort in der Sonne liegen, mit Freunden picknicken oder Ball spielen. Ein nutzungsoffener, öffentlicher, im Wortsinne freier Raum wie auch der Park, der sein Pendant in den privaten Hausgärten findet. Es wäre ein Verlust, diese Freiraumqualitäten zu verlieren, die der beste Beweis dafür wären, dass sich Orte mit ihrer Gesellschaft wandeln können.

Was benötigt der Ort in Zukunft? Nicht viel, da alles andere kontraproduktiv wäre. Die Grenzen zwischen dem privaten und dem öffentlichen Raum sind wichtig für die Aneignung, ein funktionierendes Benutzen auf letztlich ja doch beschränktem Raum. Der Baumbestand weist Lücken auf. Hier gilt es, planerisch und pflegerisch anzusetzen, um den Charakter der mit einem lichten Hain überstandenen Wiese langfristig zu erhalten. Bankstandorte in Bezug zu Aussichtspunkten und Schmuckpflanzungen sind teilweise nicht mehr vorhanden. Damit verliert die sehr zurückhaltende Freiraumstruktur wichtige inwertsetzende Akzente. Gerade hier bietet sich die Chance, punktuelle zeitgenössische Ergänzungen zu setzen und die Anlage in das 21. Jahrhundert zu überführen, sowie eventuell auch Gelegenheit, an die besondere Geschichte der Siedlung zu erinnern.

Fallbeispiel Wohnquartier Wellekamp

Der Architekt Paul Baumgarten entwickelte in den Jahren 1956 bis 1958 für das VW-Siedlungswerk eine Wohnsiedlung, die bis heute durch ein überzeugendes städtebauliches Konzept hohe Wohnqualität bereitstellt und inzwischen als Gesamtensemble einschließlich des Freiraumes Denkmalschutz genießt. Maßgeblichen Anteil am Erfolg des Bauvorhabens dürfte der Gartenarchitekt Prof. Walter Rossow haben, der für die Freiraumplanung verantwortlich zeichnete.

Ganz im Sinne des seinerzeit propagierten städtebaulichen Ideals der Stadtlandschaft, der Abkehr von regelmäßigen Rastern und geschlossenen Blockrändern hin zu fließenden Raumstrukturen, gruppieren sich acht Wohnzeilen und ein Punkthochhaus um eine grüne Mitte. Die Anordnung der drei- bis viergeschossigen Zeilen mit weiten Abständen zueinander, in Nord-Süd-Ausrichtung und um einen imaginären Mittelpunkt leicht verdreht, offeriert allen Bewohnern einen unverstellten Blick in ihren Freiraum, erzeugt licht- und sonnendurchflutete Wohnräume. Die Siedlung Wellekamp ordnet sich damit prominent in das zeitgenössische Baugeschehen ein und folgt unter anderem dem Vorbild der Interbau, der 1957 stattfindenden internationalen Bauausstellung in Berlin, bei der Baumgarten

und Rossow bereits zusammenarbeiteten. Die offene und großzügige Wirkung der Anlage ist insbesondere beim Spaziergang durch den öffentlichen Freiraum eindrucksvoll erlebbar. Der Blick fällt im Wesentlichen nur auf die schmalen Köpfe der Gebäude, die in den Freiraum hineinragen und kann durch die breiten grünen Fugen in die Tiefe des Grundstücks eindringen (siehe Seite 114–115). Ebenso wie die subtil modellierte Rasenfläche, die von der Parkanlage Richtung Bebauung leicht ansteigt, unterstützen spannungsvoll gesetzte Bäume als Solitäre, kleine Gruppen und geschlossene Ränder im Hintergrund als Begrenzung zur Straße das räumliche Konzept.

Zeitgenössische Fotografien lassen das Potenzial mit fachlich geschultem Blick bereits erkennen (siehe Seite 18–23). Aber inzwischen, 60 Jahre nach Fertigstellung, hat das Wachstum der Bäume dazu geführt, dass die planerische Grundintention deutlich erkennbar ist – ein intensives Verzahnen von Bebauung und Freiraum und das Erzeugen fast luxuriös anmutender räumlicher Großzügigkeit. Von hoher Relevanz ist hierbei, dass es gelungen ist, diese Qualität bis heute sorgsam zu bewahren, sogar trotz der derzeit im Bau befindlichen Nachverdichtung mit 56 Wohneinheiten. Das langwierige Ringen vieler Beteiligter um eine Lösung, die den be-

rechtigten Anspruch auf die Schaffung von innerstädtischem Wohnraum nicht zulasten der vorhandenen Qualitäten durchsetzt, hat sich gelohnt. Die Neubebauung orientiert sich strikt an der ursprünglichen Entwurfsintention. Fünf neue Wohngebäude im Duktus des Bestandes ergänzen die Baustruktur. In den Zeilenlängen variierend und immer um ungefähr eine halbe Gebäudebreite gegenüber dem Bestand nach Osten versetzt, ordnen sich die Neubauten fast unauffällig in das Vorhandene ein. Den alteingesessenen Bewohnern bleibt der Blick in „ihren" Park. Das für die Qualität des Ensembles entscheidende Zusammenspiel zwischen den grünen Zwischenräumen der Gebäude und der offenen, elliptischen Freiraummitte wird selbstverständlich durch die Nachverdichtung verändert, kippt jedoch durch die geschickte Baukörperausbildung und eine konzeptkonforme Anpassung des Freiraumes nicht aus der Balance. So geraten die grünen Fugen zwischen den Zeilen nicht in Gefahr, zu reinem Distanzgrün degradiert zu werden, behalten sie doch den Zusammenhang, sind nach wie vor Bestandteil einer kleinen Stadtlandschaft.

Auch die Landschaftsarchitekten, die die Umplanung mitkonzipiert haben, schreiben die vorgefundene Situation sinnvoll fort. Nach wie vor umrundet ein Hauptweg, nun leicht nach

Süden verschoben, die Rasenmitte und unterstützt die dezente Zonierung in den öffentlichen Park und die privateren gebäudenahen Freiräume. Ein kleiner Spielbereich ist wegen der Nähe zum westlichsten Neubau nach Südosten verlagert worden. Einige Baumneupflanzungen helfen, den Freiraum in seiner Substanz zu stärken. Auf jegliche Überinszenierung wird verzichtet. Auf die Stellplatzanlagen für die neuen Bewohner, die sich zukünftig zwischen die Wohnzeilen schieben, hätte man allerdings aus landschaftsarchitektonischer Sicht gern verzichtet. An dieser kritikwürdigen Stelle zeigt sich wiederum die Sensibilität und Störanfälligkeit der Anlagen aus den 1950er Jahren, wenn sie sich an veränderte Ansprüche anpassen müssen. So hofft man auf eine baldige Wende im Mobilitätsverhalten der Bewohner, die eine Neucodierung der Stellplatzflächen ermöglichen würde.

Fallbeispiel Dunantplatz

Dieser kleine Platz im Stadtteil Eichelkamp wirkt mit heutigem Blick zugleich wie aus der Zeit gefallen und überraschend aktuell. Die Schwierigkeit, ihn ohne Substanzverlust in eine verlässliche Zukunft zu überführen, ist offensichtlich: Der Dunantplatz leidet unter dem Nutzungsdruck als profane Stellplatzfläche und gleichzeitig am Mangel an urbaner Quirligkeit und Bespielung.

Als Vertreter des neuen Typus eines Ladenplatzes ist er Ende der 1950er Jahre sehr fortschrittlich konzipiert worden (siehe Seite 86–91). Der Platz stellt einen für das gemeinschaftliche Leben der Siedlung wichtigen Ort dar, quasi einen Marktplatz 2.0, der versucht, unterschiedlichsten Ansprüchen über eine Multicodierung gerecht zu werden. So changiert er in seiner Gestaltung zwischen Wohlfühlatmosphäre und Infrastrukturangebot.

Die Platzkante zum Hochring wird nicht nur durch Bäume, sondern auch durch eine intensive Unterpflanzung und die Anordnung einer Brunnenanlage räumlich gefasst. Vermutlich als Reaktion auf die fehlende Raumkante durch Gebäude können die nach West-Ost ausgerichteten, in das Grundstück hineingerückten Wohnzeilen jenseits der breiten Straße mit ihren schmalen Stirnseiten doch wenig zur Raumbildung beitragen. Ein Platz lebt von seinen Rändern her. Insofern ist dieser Nordrand weiterhin als qualitätsvolle Schwelle in einer gut ausgewogenen Balance zwischen raumbildender, von der Straße abgrenzender Kante, zugleich jedoch mit Durchlässigkeit für Fußgänger, Rad- und Autofahrer als einladende Visitenkarte in den Stadtraum zu entwickeln. Dies betrifft beispielsweise den langfristigen Erhalt des Gehölzbestandes als auch das Freihalten von störenden

Einbauten oder Stadtmobiliar jeglicher Couleur. Auch wenn dies zunächst bei einem Quartiersplatz als sehr sinnfällig erscheinen mag – dies ist kein Standort für Altkleiderboxen oder Altglascontainer.

Die hochbaulichen Raumkanten, die Gebäude am Platz, bedürfen ebenfalls eines nachhaltigen Monitorings. Insbesondere die Funktionen und Nutzungsangebote der Gewerbeeinheiten in den Erdgeschossen und gerade auch ihre Außenwirkung über Fassaden- und Schaufenstergestaltungen, Außensitzplätze, Fahrradständer, Werbebanner oder Leuchtwerbung sind neu zu justieren und als Ganzes im Blick zu behalten. Daher ist es auf jeden Fall als Verlust zu werten, dass der im Westen des Platzes eingeschobene Solitärbau nicht mehr durch eine Gastronomie mit Außenterrasse, sondern durch die örtliche Sparkasse genutzt wird. Ob der Dunantplatz einen Supermarkt „verträgt", der den herkömmlichen Konsumgewohnheiten eher Rechnung tragen würde, wäre sehr kritisch zu prüfen. Von Vorteil könnte sich hier die Trennung von platzseitigem Besucher- und rückwärtigem Anlieferverkehr auswirken – auch dies eine schon recht weitsichtige Planungsentscheidung der Entstehungszeit. Die Nutzungen „am Platz" sollten, um ihn lebendig zu halten, auch soziales und gesellschaftliches Leben abbilden.

Vielleicht wäre der Dunantplatz ja auch ein passender Standort für bürgerschaftliches Engagement, kulturelle wie soziale Einrichtungen auf Quartiersebene.

Der längste „Zebrastreifen" Wolfsburgs, der die Gewerbezeile als Bodenbelag begleitet, ist landschaftsarchitektonisch betrachtet geradezu sensationell. Man wünscht ihm attraktive und adäquate Partnerschaft durch die Fassaden. Der Boden des Platzes spielt ohnehin die Hauptrolle. Durch seine starke Zeichenhaftigkeit bei gleichzeitiger Detailliebe in den aufwendigen Pflasterungen legt er sich wie ein edler Teppich über den Platz. Gerade diese landschaftsarchitektonische Setzung wirkt sehr aktuell und findet beispielsweise im 2012 eröffneten Kopenhagener Superkilen-Park oder den typografischen Bodenmarkierungen zahlreicher zeitgenössischer Parks weltweit seine Entsprechung. Der starke grafische Bruch zwischen dem „Zebrastreifen" entlang der Geschäftsfronten und dem Kreismuster der großen Platzfläche erzeugt eine deutlich lesbare Zonierung in eine reine Fußgängerpassage und den von allen Verkehrsteilnehmern – Fußgängern, Radfahrern und Pkws – gemischt genutzten Platz. Die verschiedenen Nutzungen auf dem Platz bilden sich also nicht monofunktional ab, sondern sollen im Rhythmus der Wochentage und Tages-

zeiten gleichberechtigte Akteure sein. Heutzutage reden wir viel von Shared Space und betrachten staunend die Beispiele im In- wie Ausland. Wir fordern die Multicodierung von Stadträumen und eine gestalt- wie nutzungsverträgliche Integration des Autoverkehrs – der Dunantplatz hat dies bereits vor 60 Jahren eindrucksvoll erprobt.

Zur Attraktivität des Platzes trägt neben einem Mix aus höchst verschiedenen Baumarten, die aus dem angrenzenden Stadtwald herüberzuwandern scheinen (Hainbuche, Birke, Eiche und Spitzahorn, Rotbuche, Vogelbeere), selbstverständlich auch die ungewöhnliche Brunnenanlage von Peter Szaif bei. Beide Elemente sind langfristig zu sichern.

Aus heutiger Sicht muss man konstatieren, dass die Entwicklungen im Einzelhandel und in der immensen Zunahme des motorisierten Individualverkehrs zunächst mit der Platzgestalt zu kollidieren und nur schwer zu vereinbaren scheinen. Lenkende Eingriffe in die Stellplatznutzung sind unausweichlich, müssen aber die Platzgestaltung konzeptkonform fortschreiben. Vielleicht können hier Modifikationen in den Bauminseln helfen, die zur Stärkung der Raumbildung und Verbesserung der Orientierung beitragen. Auch mit einer gezielten Anordnung signifikanter Leuchten, wie in den historischen Fotografien zu erkennen, oder mit einem zeitgenössischen ergänzenden „Grafik-Layer" im Bodenbelag könnten sich Lösungsansätze ergeben.

Zusammenfassend betrachtet, benötigt der Dunantplatz nicht ein rein landschaftsarchitektonisches „Update", sondern ein gut zusammengestelltes Bündel an Maßnahmen, die im Zusammenspiel mit den Anwohnern und Gewerbetreibenden die Gebäude und ihre Nutzungen einbeziehen.

Fallbeispiel Robert-Koch-Platz
Dieser kleine Platz in der Stadtmitte scheint seit seiner Entstehung vor bald 70 Jahren auf den ersten Blick wenig verändert. Bei genauerer Betrachtung wird jedoch deutlich, wie tiefgreifend sich verschiedenste sukzessive und für sich genommen geringfügig erscheinende Veränderungen in der aktuellen Gestalt des Platzes niedergeschlagen haben und seine Wahrnehmung, Nutzung und Atmosphäre nachhaltig beeinflussen. Interessant ist dabei auch, dass die damalige Neuanlage des Platzes bereits eine deutliche Transformation des Ortes darstellte: Er entstand anstelle der sogenannten Tullio-Cianetti-Halle, die einst 5.000 Menschen fassen konnte und das Zentrum des gesellschaft-

lichen Lebens im damaligen Gemeinschaftslager der Werksarbeiter darstellte. Sie brannte kurz nach Kriegsende ab und die Werksbauabteilung errichtete hier ihre Betriebskrankenkasse mit vorgelagertem Schmuckplatz.[6]

Historische Fotos zeigen die räumliche Grunddisposition und geben gleichzeitig Aufschluss über die Nutzung des Robert-Koch-Platzes (siehe Seite 113): Die nach Süden ausgerichtete und in Bezug zur Straße leicht abgesenkte Rasenfläche spannte sich zwischen den Gehölzpflanzungen an beiden Längsseiten, dem Gebäude „vor Kopf" und einem die ganze Platzbreite einnehmenden üppig bepflanzten Schmuckhochbeet an der Straßenseite auf. Wege an beiden Längsseiten der Rasenfläche wiesen in die Platzmitte orientierte Sitzbereiche auf. Den Platzbesuchern bot sich damit die Möglichkeit, wahlweise in der Sonne oder im Schatten, mit einem schützenden Pflanzstreifen im Rücken und abgewandt von der Straße zu verweilen, den Blumenschmuck im Blick. Auch wenn es ursprünglich vier ergänzende Baumpflanzungen an der Stirnseite gab (siehe Seite 105), die dem Platz eine gewisse Autonomie gegenüber der Betriebskrankenkasse geben sollten, konnten die frisch gepflanzten Bäume zumindest in den ersten Jahren der Dominanz der umgebenden Bebauung wenig entgegensetzen.

Man war als Platznutzer also unter Beobachtung und verhielt sich vermutlich gemäß damaliger Konventionen „gesittet", was ein Betreten von gepflegten Rasenflächen in repräsentativen Anlagen in der Regel ausschloss. Das Beet war zeittypisch sehr differenziert und kleinteilig mit Stauden, niedrigen Sträuchern, Gräsern sowie Frühjahrsblühern wie beispielsweise Tulpen farbenfroh besetzt, sodass es sicherlich ganzjährig wechselnde Attraktivität bieten konnte.

Seit 1993 wird das Kopfgebäude durch einige Fakultäten der Hochschule für angewandte Wissenschaften Ostfalia genutzt,[7] deren Campus sich östlich anschließt. Der Robert-Koch-Platz wandelte sich damit vom reinen repräsentativen Schmuckplatz für die Anwohner zu einem viel stärker frequentierten Platz für die zahlreichen Studierenden, die sich den Rasen eroberten. Die Hochschule nutzt ihn zudem als zentralen Veranstaltungsort, wozu sich die offene Rasenfläche hervorragend anbietet.

Im Laufe der Jahre verschwand das Schmuckbeet, vermutlich aufgrund der vergleichsweise hohen Pflegekosten, und die Fläche wurde mit Rasen eingesät. Damit entfiel der starke gestalterische Gegenpol zum Kopfgebäude. Die Bäume wuchsen zudem in den letzten Jahrzehnten zu

großen Exemplaren heran. So verschob sich nicht nur die Raumwirkung zu einem spürbar gefassteren, kleiner wirkenden Freiraum. Die Begrenzungen aus größtenteils immergrünen und tief beasteten Eiben wirken zunehmend trist und dunkel, fehlt doch der farbenfrohe und jahreszeitlich wechselnde Kontrast des Schmuckbeetes. Daran kann auch das 1988 aufgestellte Kunstwerk „Rückblick" des Bildhauers Wolfgang Itter nichts ändern. Sein exakt mittiger Standort erzeugt einen merkwürdigen Schwerpunkt und eine Besetzung des Platzes – etwas, was die ursprüngliche Gestalt nicht aufwies.

Am Beispiel des Robert-Koch-Platzes kann hervorragend aufgezeigt werden, wie ein in seiner Struktur einfacher, durch wenige Elemente gebildeter Raum höchst sensibel auf Veränderungen reagiert. Hier setzt der im Jahr 2012 durchgeführte landschaftsarchitektonische Wettbewerb an, aus dem das Büro Häfner Jiménez Betcke Jarosch Landschaftsarchitektur siegreich hervorging. Der prämierte Entwurf versucht eine zeitgenössische Interpretation der Anlage aus den 1950er Jahren, indem er die noch erkennbare Grundstruktur des Platzes aufgreift und in eine neue Gestaltung überführt. Dabei sichern wohldosierte Transformationen des ursprünglichen Entwurfes eine hohe Nutzungs- und Aufenthaltsqualität bei handhabbarem

Pflegeaufwand ab. Ein Wege-Passepartout rahmt zukünftig die offene Rasenmitte. Der vormalige Höhenunterschied wird zugunsten einer durchgängig barrierefreien Erschließung sowie informeller Sitzangebote in ein Absenken des Rasens in Bezug zum steinernen Rahmen überführt – eine lange Sitzkante animiert zur Inbesitznahme des Platzes. Eiben, die einen guten Zustand aufweisen, bleiben erhalten, werden sowohl aufgeastet, um Sichtbeziehungen zu ermöglichen, als auch mit Zierkirschen wieder zu zwei Gehölzrändern komplettiert. Dadurch wird nicht nur eine gute Raumproportion wiederhergestellt, sondern durch die attraktiv belaubten und blühenden Baumneupflanzungen ein sinnvoller Ersatz für das Schmuckbeet angeboten. Die große Skulptur findet sich zukünftig straßenseitig auf dem Passepartout wieder und wird damit zum gut sichtbaren Merkzeichen im Stadtraum. Die Rasenfläche kann sich wieder „leer" präsentieren und steht den Anwohnern, den Studierenden und den Mitarbeitern der Hochschule als nutzungsoffene Fläche zur Verfügung.

Respektvoll und sensibel weiterbauen

In der Zusammenschau wird deutlich, dass doch überraschend viele Merkmale die Freiräume aus den 1950er und 1960er Jahren zukunftsfähig erscheinen lassen. Betrachten wir sie als

wertvolles Gerüst, das wir respektieren, aber auch sensibel weiterbauen, um heutigen Nutzungsanforderungen zu entsprechen. Die Offenheit und Großzügigkeit der Räume, die durch klare, gut zueinander gesetzte Proportionen und letztlich auch durch ihre Einfachheit überzeugen, bilden dafür eine gute Grundlage. Der hohe Vegetationsanteil, gerade auch der alte Baumbestand als Hilfe gegen die massiven Auswirkungen des Klimawandels, ist bereits da; er muss sukzessive in der Artenwahl an steigende Temperaturen und sich verändernde Regenspenden angepasst werden. Großzügige Rasenflächen und die Topografie als eines der prägenden Leitmotive Wolfsburger Freiräume bieten beste Voraussetzungen, zukünftig intelligent und sorgsam mit Starkregenereignissen nicht nur rein funktional, sondern gerade auch gestalterisch auf hohem Niveau umzugehen.

Bereits in der Bauzeit angelegte kleinteilige besondere Orte, so Schmuckbeete, Spielplätze, Wasseranlagen, die eine intensive und auch aufwendige Gestaltung erfahren haben, sind die wichtigen Gegenspieler, damit aus der positiv konnotierten Einfachheit nicht belangloses Abstandsgrün entsteht. Solch wichtige Schmuckstücke im einfachen Freiraumgewebe muss man sich weiterhin leisten. Dies bedeutet nicht zwangsläufig ein Verharren in garten-

denkmalpflegerischer Sicherung ehemaliger Gestalt. Eine Flexibilität und Adaption an sich verändernde Nutzungen und Rahmenbedingungen kann gerade hier stattfinden, ohne die Grundstruktur der Freiräume zu zerstören: sich wandelnde Spielorte für alle Altersgruppen, gemeinschaftlich betriebene Nachbarschaftsgärten statt Schmuckbeete, temporäre Interventionen oder visionäre Mobility-Hubs auf den Quartiersplätzen.

Auch in den teilweise großzügigen Straßenprofilen sollte man durchaus Vorteile für die Zukunft ausloten, gibt es doch gerade hier notwendige Flächen für die Neuausrichtung unserer Straßenräume im Zuge einer nachhaltigen Klimaanpassung und der Sicherung lebenswerter Städte. Während andere Städte gefangen sind in einer kaum oder nur durch Abriss veränderbaren Erschließungsstruktur könnte Wolfsburg verhältnismäßig einfach intensive Baumbepflanzungen, Rückstauflächen für Starkregenereignisse und Versickerungsflächen integrieren. Straßenraum hätte hier auch das Potenzial, zum hochwertigen Freiraum zu avancieren – wenn es gelänge, parallel dazu die Dominanz des motorisierten Individualverkehrs zurückzudrängen. Dies dürfte die eigentliche Herausforderung für eine Stadt sein, deren Existenz allein auf der Gründung eines Automobilwerkes beruht. Erste gebaute

Beispiele wie die Poststraße zeigen die Möglichkeiten und Chancen auf.

Wolfsburg profitiert noch heute von einer weitsichtigen, landschaftsbasierten Stadtplanung. Erst allmählich, mit dem nun möglichen Rückblick auf 80 Jahre Stadtgeschichte, die auch so manchen Irrweg bereithält, lässt sich ermessen, welch hoher Wert der Freiraumsituation zukommt. Die Großzügigkeit einer in die Landschaft gebauten Stadt, mit kurzen Wegen in qualitätsvolle Freiräume muss auch in Zukunft gewahrt bleiben, trotz des berechtigten Interesses an Verdichtung. Eine Verdichtung der Stadt ist damit nicht per se ausgeschlossen – vielmehr geht es darum, die jeweils ortsspezifischen Qualitäten und Potenziale sorgfältig zu analysieren und zukünftige Baumaßnahmen in diesem Sinne zu entwickeln, quasi als zeitgenössisches Fortschreiben, als Transformation des Bestandes. Das Beispiel der Siedlung Wellekamp zeigt, dass die Nachverdichtung derartiger Standorte gelingen kann, wenn zuallererst der Freiraumbestand Art und Maß des Neubaus bestimmt. Dabei sollten auch unbedingt alle Folgemaßnahmen bedacht werden, um Kollateralschäden im Freiraum zu vermeiden, beispielsweise die neuen Anforderungen an die technische Infrastruktur, Lage und Ausgestaltung von Stellplätzen und Müllstandorten,

Anforderungen der Feuerwehr, ja selbst an die Baulogistik. Für Wolfsburg ist das Vorweggehen der Freiraumplanung von entscheidender Bedeutung und ein Schlüssel für eine erfolgreiche, qualitätssichernde Entwicklung als lebenswerte Stadt.

1 Butenschön, Sylvia; Gaida, Wolfgang; Gotzmann, Inge; Grunert, Heiko; Kellner, Ursula; Krepelin, Kirsten (Hrsg.): Öffentliche Grünanlagen der 1950er- und 1960er-Jahre. Qualitäten neu entdecken. Leitfaden zum Erkennen typischer Merkmale des Stadtgrüns der Nachkriegsmoderne. Universitätsverlag der TU Berlin, 2016

2 http://www.oeghg.at/wiener-erklaerung-2014.html (Zugriff 01.02.2018)

3 Froberg, Nicole: 1938–1940 Steimker Berg. http://www.freischwimmer-magazin.de/id-1938-40-steimker-berg.html (Zugriff: 04.02.2018)

4 Vgl. Durth, Werner: Städtebau und Weltanschauung. In: aufbau west.aufbau ost. Die Planstädte Wolfsburg und Eisenhüttenstadt in der Nachkriegszeit. Katalog zur Ausstellung im Deutschen Historischen Museum, Hrsg. Rosmarie Beier, 1997. S. 35–49 (http://www.dhm.de/archiv/ausstellungen/aufbau_west_ost/, Zugriff 10.02.2018)

5 von Rutenberg, Jürgen: Meine Strasse: Der Wald vor lauter Bäumen. In: ZEIT Online, 4. Mai 2006, http://www.zeit.de/2006/19/Heimat_2fWolfsburg_19 (Zugriff 09.02.2018)

6 Vgl. Froberg, Nicole; Knufinke, Ulrich; Kreykenbohm, Susanne: Wolfsburg. Der Architekturführer. Braun Publishing AG, 2011, S. 56

7 Ebd.

GRÜNRÄUME ALS HÖHEPUNKTE DER STADTENTWICKLUNG – EINE AKTUELLE RECHERCHE

Text: Nicole Froberg, Ralph Hartmann, Rado Velkavrh

„Durch Ihr Wissen gewinnen wir ein deutlicheres Bild vom gartenkulturellen Erbe jener Zeit und können Wege entwickeln, diese Anlagen beispielsweise zu schützen und weiterzuentwickeln ... Besonders freuen würde es uns natürlich, wenn Sie weitere Menschen aus Ihrem Umfeld für das Thema begeistern und zum Mitmachen aktivieren könnten."

Aus dem Aufruf „Machen Sie mit: Nachhaltig gut – das Stadtgrün der Nachkriegsmoderne"
BHU – Bund Heimat und Umwelt in Deutschland, März 2016

Im März 2016 trat der Bund Heimat und Umwelt (BHU) in Deutschland, Bundesverband für Kultur, Natur und Heimat e. V. mit dem Aufruf „Machen Sie mit: Nachhaltig gut – das Stadtgrün der Nachkriegsmoderne" an die Kommunen heran. Gemeinsam mit der Technischen Universität Berlin und dem Arbeitskreis Kommunale Gartendenkmalpflege der Deutschen Gartenamtsleiterkonferenz war das Projekt „Grünanlagen der 1950er und 1960er Jahre. Qualitäten neu entdecken" im Herbst 2015 entstanden. Ziel des Aufrufs war die Aktivierung von Bürgerinnen und Bürgern, die auf einem „Erfassungsbogen für ehrenamtliche Entdecker" geeignete Anlagen melden und dokumentieren sollten.[1]

Zuvor hatte das Netzwerk Baukultur in Niedersachsen auf seinem 12. Forum im April 2015 das Thema „Zukunft Baukultur 1960+" diskutiert und hatte darauf hingewiesen, dass bisher hauptsächlich um den Gebäudebestand der Nachkriegsmoderne gerungen wird. „Es sind bislang primär einzelne Gebäude, die im Fokus stehen", so heißt es im Fazit von Margitta Buchert, Leibniz Universität Hannover, a_ku Fakultät für Architektur und Landschaft. „Ensembles, die städtische Textur und auch der Zusammenhang zwischen Baukörper und Raumkörper, von Architektur und Freiraum könnten noch stärker in die Aufmerksamkeit rücken."[2]

Der Geschäftsbereich Grün der Stadt Wolfsburg, die Untere Denkmalschutzbehörde und das städtische Forum Architektur fühlten sich durch beide Fachinitiativen gleichermaßen angesprochen und zu einer eigenen Grundlagen- und Recherchearbeit motiviert. Die öffentlichen Grünanlagen, aber auch die vielen kleinen Quartiersplätze der 1950er und 1960er Jahre haben einen hohen Stellenwert für die junge und nahezu einzigartige Stadtlandschaft des 20. Jahrhunderts, die hier verwirklicht wurde und die in ihrem wesentlichen Volumen zwischen 1950 und 1970 entstanden ist. Sie spielten eine große Rolle im städtischen Leben der Aufbau- und Wirtschaftwunderzeit, doch wurden sie in ihrer Gesamtheit bisher nicht systematisch erforscht und dargestellt. Ein halbes Jahrhundert später sind ihre Qualitäten bei Planern und Bürgern vielfach in Vergessenheit geraten.

Viele der Orte kommen heute in ihre erste grundlegende Erneuerungsphase. Freiraumplaner, Denkmal- und Stadtbildpfleger sind hierbei mit veränderten Lebensmodellen und veränderten Ansprüchen konfrontiert. Für die anstehenden Entscheidungen fehlte bisher eine historische Basis als Orientierungs- und Ausgangspunkt. Diese Lücke wollen wir schließen.

Vorgehensweise bei der Recherche

Welche Grünanlagen haben wir, die in dieser Zeitepoche entstanden sind? Was sind die konkreten Gestaltungsmittel? Welche Pläne und welches historische Bildmaterial liegen uns heute noch vor, um genauere Aussagen zu treffen? Und in welchem Zustand befinden sich die grünen Orte der Nachkriegsmoderne? Dies waren Fragen, die im interdisziplinären Team von Landschaftsplanern, Denkmalpflegern und Architekturvermittlern aufkamen.

In der Folge wurde Inger-Katrin Schulz, Ingenieurbüro für Freiraumgestaltung, mit einer Recherche des Plan- und Fotomaterials beauftragt. Sie konzentrierte sich vor allem auf die eigenen Archive. Dazu gehörten die Unterlagen des Geschäftsbereichs Grün als Nachfolger des ehemaligen Stadtgarten- und Friedhofsamts und des Instituts für Zeitgeschichte und Stadtpräsentation, das das Wolfsburger Stadtarchiv beherbergt. Die Vorgehensweise war durchaus pragmatisch: Die Liste der recherchierten Objekte entstand mit fachkundigen Hinweisen von Heinrich Eckebrecht, ehemaliger Abteilungsleiter im Geschäftsbereich Grün, Heidi Fengel, Denkmalpflegerin in Wolfsburg, die das Projekt auch initiiert hatte, sowie aus der schon vorliegenden Vorschlagsliste schützenswerter

Bauten und Anlagen der 1960er und 1970er Jahre, die bereits 2006 im Auftrag der Stadt Wolfsburg erarbeitet wurde.

Anfang 2017 lag zunächst ein Fundus von Plänen und historischen Aufnahmen vor, der die Basis für die nachfolgende Darstellung bildet und hier noch einmal zusammengefasst und beschrieben ist. Dafür wurde aus dem vorliegenden Material eine repräsentative Auswahl getroffen.

Die im Ergebnis aufgeführten Projekte wurden in drei Kategorien bewertet: Kategorie I umfasst alle wertvollen Flächen, die noch gut erhalten sind und auf die in der Zukunft nach unserer Einschätzung besonderes Augenmerk zu richten ist. Die vier in Kategorie II aufgeführten Projekte sind bereits deutlich verändert oder stehen aktuell vor einem wesentlichen Veränderungsprozess. Kategorie III sind Plätze und Grünanlagen, über die nur wenig Informationen und Materialien zu finden waren und deren Gestaltungsdetails weitgehend ungeklärt sind.

Die Projekte beanspruchen für sich keine Vollständigkeit: Mancher Ort wurde in der Darstellung wieder fallen gelassen, weil kein historisches Material gefunden wurde. Dazu zählen

zum Beispiel der Hansaplatz in der Tiergartenbreite oder die Platzfläche vor dem Haupteingang des ehemaligen Stadtkrankenhauses. Noch nicht erfasst sind in dieser Recherche auch die Trabantenstädte Detmerode und Westhagen mit ihren Stadtteilplätzen.

Beobachtungen und Anmerkungen

Nachdenklich machen uns die Veränderungen, die sich im Vergleich zur heutigen Freiraumgestaltung bemerken lassen:

· Der Bau und die Unterhaltung von öffentlichen Grünanlagen wurden von Gärtnerinnen und Gärtnern ausgeführt, die pflanzten, pflegten, düngten, ergänzten und schnitten. Häufig wurden sogar die Pflanzen selbst in der stadteigenen Baumschule bzw. Gärtnerei kultiviert. Der Umgang mit der Pflanze, die fachkundige Pflege und das Erkennen von Mangelerscheinungen waren zentrale Aufgaben. Die permanente fachkundige Betreuung hat das Überleben von Schmuckpflanzungen gesichert und für ein wertiges und gepflegtes Bild gesorgt, was zur hohen Akzeptanz der gestalteten Anlagen entscheidend beitrug. Leider wird heute häufig eine Grünfläche in „Rasenmäherbreiten" bewertet und ihre Gestaltung auf einen möglichst geringen Pflegeaufwand reduziert. Die Pflege muss so ausgerichtet sein, dass auch un-

gelernte Kräfte diese Aufgabe ausführen können. Rindenmulch wird an vielen Stellen zur Pflegevereinfachung eingesetzt und um übermäßiges (gesundes) Pflanzenwachstum zu vermeiden, wird heute weitgehend auf Dünger verzichtet.

· Die in den 1950er und 1960er Jahren kombinierten Baustoffe bestanden fast ausschließlich aus regionalem, ortsüblichem Material. Zur Verwendung kamen neben örtlichem Naturstein häufig massives Holz und lackiertes Metall für einfache Spielgeräte. Der Transport von Naturstein aus anderen Gegenden Deutschlands über weite Strecken war aufwendig und teuer, Naturstein aus China oder Indien nicht üblich.

· Die Betonindustrie bot längst nicht die heute bekannte Produktvielfalt, so war die graue Betonplatte ohne Kiesvorsatz über lange Zeit ein bestimmendes Produkt. Betonoberflächen waren häufig Ortbetonlösungen, später kamen einige wenige standardisierte Formsteine als Mauerelemente hinzu.

· Kunststoffe waren im gärtnerischen Bereich gänzlich unüblich. Zierpflanzen wurden in Tontöpfen kultiviert, für Abdichtungen gegen Feuchtigkeit verwendete man Teerpappe. Folien und Beschichtungen waren nicht gebräuchlich.

· Es gab die klassischen Zierpflanzen, die durch Blüte, Blatt und Frucht gestalterisch prägend waren. Die pflanzensoziologische Herkunft spielte eine untergeordnete Rolle; der gestalterische Aspekt war entscheidend. Deutlich wird der Wandel ablesbar in den Pflanzplänen: Während sie in den 1950er Jahren zum Beispiel für den Brandenburger Platz oder die Grünanlage Schubertring/Haydnring noch mit viel Farbe arbeiteten, aufwendig und vielfältig waren, standen in den späten 1960er Jahren zum Beispiel in der Terrassenanlage oberhalb der Stadthalle schon mehr die wirtschaftlichen Pflegeaspekte im Vordergrund. Pflanzungen wurden schlichter, heimische Arten dominierten, gutwüchsige, immergrüne Gehölze und Stauden wurden als Bodendecker häufig genutzt.

· Im Gegensatz zu heute kamen relativ wenig Nutzungen in öffentlichen Grünanlagen zum Tragen. Sie dienten hauptsächlich dem Flanieren und Kommunizieren sowie der Erholung der Bevölkerung. Für Kinder war eine Sandkiste vielfach ausreichend, während heute viel mehr soziale und sportliche Aspekte eingefordert werden.

Die historischen Pläne und Fotos zeigen es deutlich: Gestaltete Grünanlagen wurden als Orte der Erholung empfunden und hatten einen sehr positiven und respektvollen Stellenwert in der Bevölkerung, der später zurückgegangen ist. Es gab damals häufig Schilder mit der Aufschrift: „Betreten der Grünanlagen verboten". Dies wurde weitgehend befolgt und war akzeptiert. Neben den Trümmerlandschaften des Krieges wurden Plätze und Grünräume als Höhepunkt der Stadtentwicklung betrachtet.

Es wäre wünschenswert, dass Städte, Planer und Nutzer den öffentlichen Grünanlagen auch in Zukunft weiter Respekt entgegen bringen.

1 Entstanden sind daraus ein Projektbericht und ein Leitfaden. Beide Publikation stehen auch kostenlos zum Download im PDF-Format bereit unter http://www.denkmalpflege.tu-berlin.de/denkmalpflege/menue/forschung/nachhaltig_gut/materialien veranstaltungen/ (Zugriff: 09.02.2018)
2 netzwerkDOKUMENTATION „Zukunft Baukultur 1960+" zum 12. Forum des Netzwerks Baukultur in Niedersachsen am 14. April 2015 in Hannover, S. 34 f.

Quellen
Froberg, Nicole; Knufinke, Ulrich; Kreykenbohm, Susanne: Wolfsburg. Der Architekturführer. Berlin, 2011

Kautt, Dietrich: Wolfsburg im Wandel städtebaulicher Leitbilder. Texte zur Geschichte Wolfsburgs, Band 11, (Hrsg.) Stadtarchiv Wolfsburg, 2. unveränderte Auflage, 1983

Netzwerk Baukultur in Niedersachsen (Hrsg.): netzwerkDOKUMENTATION „Zukunft 1960+", 12. Forum des Netzwerks Baukultur in Niedersachsen im Historischen Museum Hannover, 14. April 2015, http://www.baukultur-niedersachsen.de/index.php/netzwerk-baukultur/foren (Zugriff 09.02.2018)

Dr. Pump-Uhlmann, Holger: Vorschlagsliste schützenswerter Bauten und Anlagen der 60er und 70er Jahre in Wolfsburg, zusammengestellt Oktober–Dezember 2006 im Auftrag der Stadt Wolfsburg (unveröffentlichtes Dokument). Quelle: Stadt Wolfsburg, Geschäftsbereich Stadtplanung und Bauberatung

Dr. Pump-Uhlmann, Holger: Stadtbauhistorische Untersuchung zur Geschichte des Robert-Koch-Platzes und seines Umfelds, 2011 erstellt im Auftrag der Stadt Wolfsburg (unveröffentlichtes Dokument). Quelle: Stadt Wolfsburg, Geschäftsbereich Stadtplanung und Bauberatung

Reichold, Ortwin (Hrsg.): ... erleben, wie eine Stadt entsteht. Städtebau, Architektur und Wohnen in Wolfsburg 1938–1998. Braunschweig, 1998

Stadt Wolfsburg, Kulturbüro (Hrsg.): Wolfsburg. Kunst im Stadtbild. Wolfsburg, o. D.

Luftbild der Stadt Wolfsburg, 2011.
Quelle: Orthophotomosaik der Stadt Wolfsburg,
Geschäftsbereich IT – 15-3 GIS

ÜBERSICHTSPLAN

KATEGORIE I
1   Brandenburger Platz
2   Grünanlage Kreuzkirche
3   Grünanlage Schubertring/Haydnring
4   Dunantplatz
5   Einkaufszentrum Eichelkamp
6   Waldschule Eichelkamp
7   Marktplatz Rabenberg
8   Grünanlage Mecklenburger Straße

KATEGORIE II
9   Grünanlage Steimker Berg
10 Robert-Koch-Platz
11 Wellekamp
12 Brüder-Grimm-Schule

KATEGORIE III
13 Großer Schillerteich – Bootssteg
14 Stadthalle – Terrassenanlage
15 Pestalozzischule

KATEGORIE I

BRANDENBURGER PLATZ
Brandenburger Platz/Breslauer Straße, Wohltberg
bis 1957

Der Wohltberg mit dem Brandenburger Platz wurde durch den Stadtplaner Peter Koller im Auftrag der Neuland Wohnungsgesellschaft entwickelt. Die nördliche und westliche Bebauung des Platzes sowie die Breslauer Straße im Süden bilden eine annähernd dreieckige Fläche, die, wie historische Luftbilder zeigen, bis kurz nach der Bebauung Mitte der 1950er Jahre noch unplanmäßig mit Bäumen und Buschwerk bestanden und durch unregelmäßige „Trampelpfade" zergliedert war.

Der eigentliche Platz mit seiner markanten Gestaltung entstand um 1957. Grundlage war zum einen ein Pflanzplan aus dem Jahr 1957, in dessen Grundriss sich der Abschnitt eines gedachten Ovals so in die Figur des dreieckigen Platzes schmiegt, dass es die unmittelbar an die Gebäude angrenzenden Bereiche als Pflanzflächen definiert.

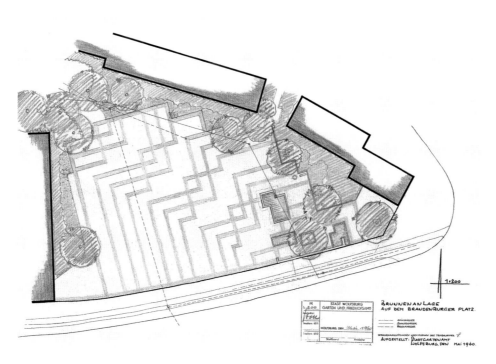

Brunnenanlage (mit Darstellung der Pflasterung), Stadtgartenamt, 1960. Original im Maßstab 1:200, gezeichnet auf Ursprungsplan aus dem Jahr 1950.
Quelle: Stadt Wolfsburg, Institut für Zeitgeschichte und Stadtpräsentation (IZS)

Brunnenanlage auf dem Brandenburger Platz, Stadtgartenamt, 1960. Original im Maßstab 1:200.
Quelle: Stadt Wolfsburg, Geschäftsbereich Grün

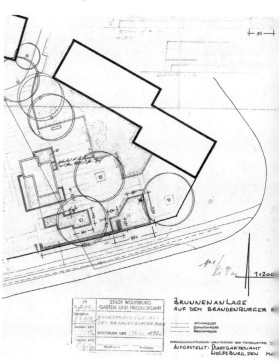

Ein zweiter Plan von 1960 zeigt die befestigte Platzfläche mit dem heute noch vorhandenen Muster aus verschränkten, rechtwinkligen Bändern aus Betonsteinplatten innerhalb des Pflasterbelags. Die Anpassung der Pflanzflächen an die rechtwinklige Geometrie wurde, anders als es der zweite Plan nahelegt, wohl nicht realisiert, sodass das heutige Erscheinungsbild des Platzes als Überlagerung dieser zwei Planungen betrachtet werden kann.

An der östlichen Spitze, dem Eingang zur Wohltbergstraße, wurde 1961 eine Brunnenanlage nach Entwürfen des Wolfsburger Bildhauers Peter Szaif ergänzt, der auch für andere Freiflächen jener Zeit prägende Elemente eingebracht hat. Er konzipierte nicht nur die Bronzeplastik „Mutter und Kind", sondern lieferte zugleich den Entwurf für die Ausgestaltung der beiden Brunnenbecken. Die Mutter scheint über ein paar Steine in einem Bach zu schreiten, wobei sie ihr Kind auf die Schulter hebt. Gegenüber der Skulptur floss das Wasser ursprünglich aus einer Gruppe Kupferrohre unter einer Muschelkalk-Eindeckung. Es füllte das große Becken 30 Zentimeter hoch und lief dann über ins kleine Becken, sodass ein ständiges Wasserplätschern die Anlage umgab. Dies ist heute deutlich verändert.

Den westlichen Platzabschuss bildet ein 5-geschossiges scheibenförmiges Wohn- und Geschäftshaus, das unter anderem mit dem Fassadengraffito „Der Postbote" von Horus Engels deutlich aufwendiger als seine Umgebung gestaltet ist.

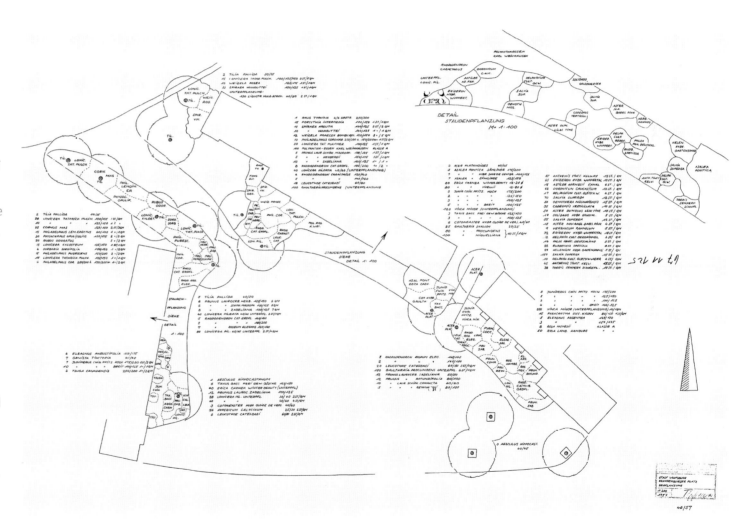

Planung
Stadt Wolfsburg, Stadtgartenamt
Planungen: ab 1950
Pflanzplan: 1957

Bepflanzung
Im Gegensatz zur geometrischen Gestaltung des Pflasterbelages wurden zwischen Platz und Gebäuden Pflanzflächen mit geschwungenen Wegekanten angelegt. Die ursprüngliche Pflanzplanung war höchst ansprechend und qualitätsvoll mit einer vielfältigen Pflanzenauswahl aus Stauden, Rosen, Rhododendren und Zierstreifen. Der Baumbestand ist in Teilen noch vorhanden.

Gestaltungselemente
Der Brunnen besteht aus zwei flachen Becken, die sich als größeres Rechteck und kleines Quadrat überschneiden. An ihrem Schnittpunkt erhebt sich auf einem kleinen Sockel, der nur wenig über den niedrigen Brunnenrand herausragt, die dunkelbronzene Brunnenfigur. Die Becken wurden mit unregelmäßigen Platten aus mattfarbenem Marmor, Granit und Quarzit ausgelegt. 18 verschiedene Farbabstufungen wurden hier verwendet.

Brunnen mit Plastik „Mutter und Kind",
Peter Szaif, Wolfsburg, Entwurf: 1958, Fertigstellung: 1961
Bronze, Höhe: 2,20 m
Großes Becken: ca. 7,0 x 5,0 m
Kleines Becken: ca. 4,40 x 4,40 m

Besonderheiten
Der Brandenburger Platz ist als Gruppe baulicher Anlagen im Denkmalverzeichnis eingetragen und damit als Ensemble geschützt.

Postkarte „Am Brandenburger Platz", 1957.
Quelle: Stadt Wolfsburg, Institut für Zeitgeschichte
und Stadtpräsentation (IZS)

Pflastermuster für den Brunnenboden (Vorschlag 1),
Peter Szaif, ohne Datum. Original im Maßstab 1:50.
Quelle: Stadt Wolfsburg, Institut für Zeitgeschichte und Stadtpräsentation (IZS)

Pflastermuster für den Brunnenboden (Vorschlag 2),
Peter Szaif, ohne Datum. Original im Maßstab 1:50.
Quelle: Stadt Wolfsburg, Institut für Zeitgeschichte und Stadtpräsentation (IZS)

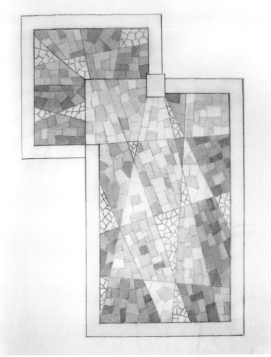

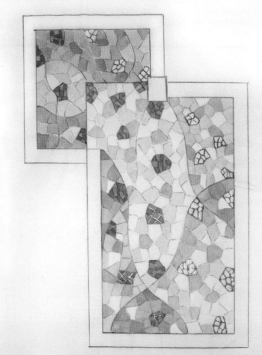

GRÜNANLAGE KREUZKIRCHE
Laagbergstraße, Hohenstein
ab 1956

Die Sakralbauten waren wichtige Dominanten für die neuen Stadtteilzentren, die in den 1950er und 1960er Jahre entstanden. Häufig wurden sie auf dem höchsten Punkt der neuen Wohnsiedlungen angeordnet, der bewusst ausgewählt oder sogar künstlich geschaffen war. Ein Beispiel dafür ist die Kreuzkirche am Hohenstein, die 1952 durch Gustav Gsaenger entworfen und 1957 eingeweiht wurde. Sie besetzt den kleinen Hügel und dominiert die Fernwirkung des Stadtteils.

Verschiedene Sagen ranken sich um die „Hohensteine", eine Gesteinsformation, die am Rande des Klieversbergs an die Oberfläche tritt und die dem Stadtteil ihren Namen gab. Sie prägen das parkähnliche Gelände, das ab 1956 als öffentliche Grünanlage rund um die Kreuzkirche angelegt wurde. Behutsam sind die Spazierwege in die hügelige Landschaft eingebunden. Die Führung der Wege und die Plätze für Bänke wurden vor Ort im Gelände festgelegt. Steil steigen die Stufen im Zentrum zur Kreuzkirche an. Von Osten aus der Innenstadt kommend ist die parkähnliche Anlage am Ende der Heinrich-Heine-Straße kaum zu erahnen. Zu den nördlich angrenzenden Wohnsiedlungen am Schubert- und Haydnring läuft das Gelände in kleine Grünfugen aus.

Grünanlage am Hohenstein,
Entwurf: Hans-Henning Tappen, Garten- und Landschaftsarchitekt, Wolfsburg, 1956.
Original im Maßstab 1:500.
Quelle: Stadt Wolfsburg, Geschäftsbereich Grün

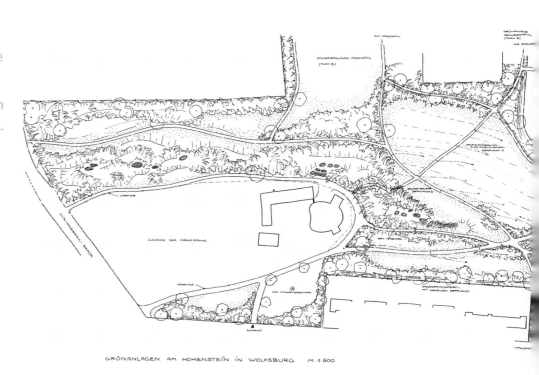

GRÜNANLAGEN AM HOHENSTEIN IN WOLFSBURG   M. 1:500

Bepflanzungsplan zu den Grünanlagen an der Kreuzkirche,
Entwurf: Hans-Henning Tappen, Garten- und Landschaftsarchitekt, Wolfsburg, 1956.
Original im Maßstab 1:500.

Quelle: Stadt Wolfsburg, Geschäftsbereich Grün

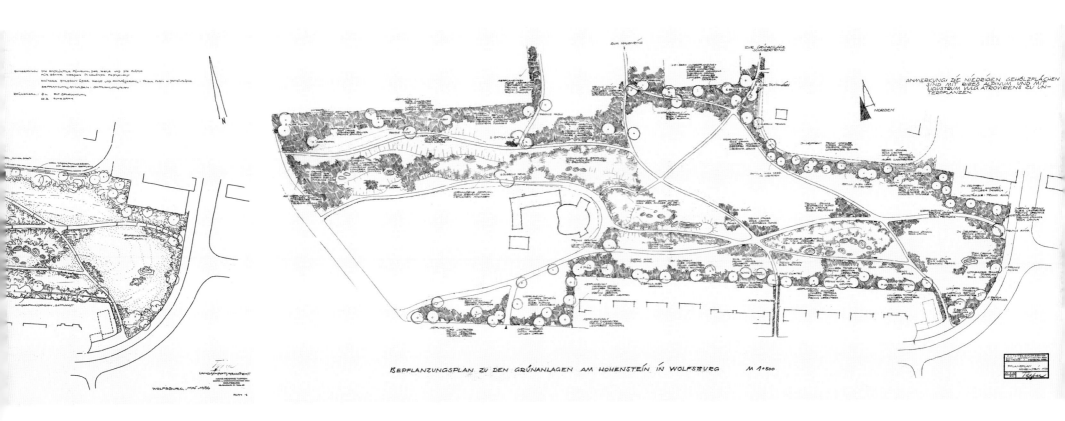

Planung

Stadt Wolfsburg, Stadtgartenamt
Hans-Henning Tappen,
Garten- und Landschaftsarchitekt
Entwurf: 1956

Bepflanzung

Aus der ehemals lichten Parkanlage ist heute
ein fast geschlossener Gehölzbestand geworden,
der bis an die Kreuzkirche heranreicht.

Gestaltungselemente

Der Hauptzugang zur Grünanlage liegt im Südwesten an der Kreuzkirche. Eine Stufenrampe
ermöglicht den Aufstieg von Osten aus Richtung
Heinrich-Heine-Straße. Ein mit Gehölzen be-
pflanzter Wasserfanggraben schließt das Gelände
nach Süden zu den Wohnhäusern der Laagbergstraße ab. Die ursprüngliche Erschließung
vom westlich gelegenen Einkaufsmarkt – und
damit die Einbindung der Kirche in den Stadtteil – hat heute an Bedeutung verloren.

Besonderheiten

Die Kreuzkirche steht als Gruppe baulicher
Anlagen unter Denkmalschutz. Baudenkmal in
diesem Sinne ist die Einheit bestehend aus
Kirchenbau, Pfarr- und Gemeindehaus. Die
Parkanlage als unbebaute Fläche ist dabei von
hoher Bedeutung für die Solitärwirkung der
Denkmalgruppe.

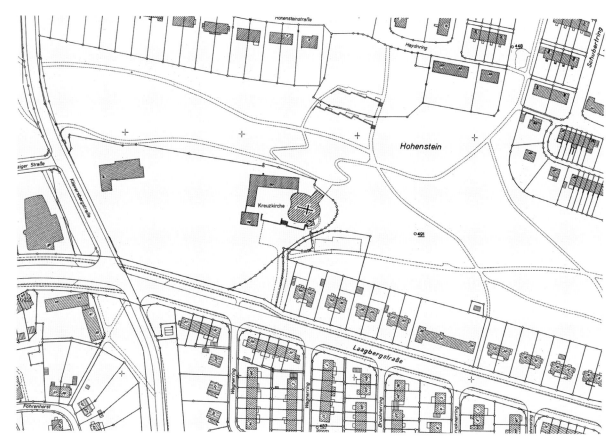

Gelände mit den „Hohensteinen"
vor Baubeginn, Anfang der 1950er Jahre.
Foto: Schöning Luftbild.

Luftbild mit Blick von Südwesten auf
den Hohenstein, um 1958. Postkartenmotiv.
Foto: Schöning Luftbild.

Kinderspiel am Hohenstein, um 1960.
Foto: Photo-Klimesch Braunschweig.
Quelle: Stadt Wolfsburg, Institut für Zeitgeschichte
und Stadtpräsentation (IZS)

Postkarte der Kreuzkirche mit den „Hohensteinen".
Quelle: Stadt Wolfsburg, Institut für Zeitgeschichte
und Stadtpräsentation (IZS)

Blick vom Hohenstein nach Osten in die Heinrich-Heine-Straße, vor 1956.
Foto: unbekannt.
Quelle: Stadt Wolfsburg, Institut für Zeitgeschichte und Stadtpräsentation (IZS)

Spaziergänger am Hohenstein, ohne Datum.
Foto: Klaus Gottschick.
Quelle: Stadt Wolfsburg, Institut für Zeitgeschichte
und Stadtpräsentation (IZS)

Luftbild. Blick über die Siedlung Wohltberg
und den Hohenstein, um 1958. Foto: Kübler-Luftbild.
Quelle: Stadt Wolfsburg, Institut für Zeitgeschichte
und Stadtpräsentation (IZS)

GRÜNANLAGE SCHUBERTRING/HAYDNRING
Schubertring/Haydnring, Wohltberg
ab 1956

Die Grünanlage grenzt im Norden an die Parkanlage Hohenstein und wurde gemeinsam mit dieser Grünanlage rund um die Kreuzkirche durch den gleichen Planer entwickelt. Die Grünfuge trennt den Schubert- und den Haydnring. Beide gehören zum Komponistenviertel, das unter dem Stadtplaner Hans-Bernhard Reichow als eines der ersten Quartiere nach Kriegsende entstand. Entlang einer zentralen Rasenfläche, die von Gehölzen eingefasst ist, verläuft auf der Ostseite ein Fußweg in Nord-Süd-Richtung. An seinem nördlichen Endpunkt befindet sich ein Spielbereich mit Sandkasten und Sitzbänken. Die Rasenfläche am südlichen Ende war in der Planung für einen späteren Ausbau als Staudenfläche vorgesehen.

Grünanlage Schubertring, Entwurf: Hans-Henning Tappen, Garten- und Landschaftsarchitekt, Wolfsburg, 1956. Original im Maßstab 1:200.

Quelle: Stadt Wolfsburg, Institut für Zeitgeschichte und Stadtpräsentation (IZS)

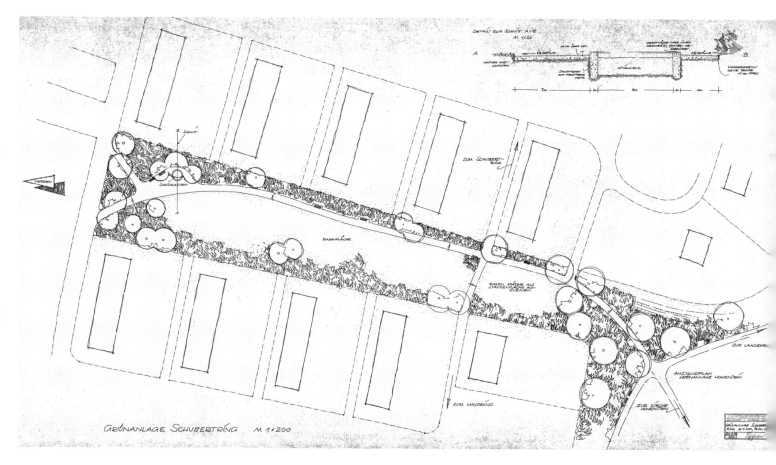

Pflanzplan der Grünanlage Schubertring, Entwurf: Hans-Henning Tappen,
Garten- und Landschaftsarchitekt, Wolfsburg, 1956.
Original im Maßstab 1:200.

Quelle: Stadt Wolfsburg, Institut für Zeitgeschichte und Stadtpräsentation (IZS)

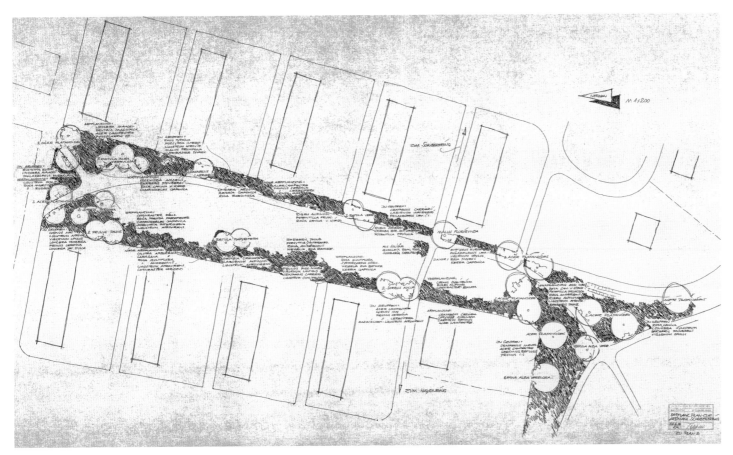

Planung

Stadt Wolfsburg, Stadtgartenamt
Hans-Henning Tappen,
Garten- und Landschaftsarchitekt
Entwurf: 1956

Bepflanzung

Als Wegeachse und Grünzug zwischen der
Wohnbebauung waren die Grenzbereiche an
den Grundstücken mit vielfältigen Ziersträu-
chern bepflanzt. Offensichtlich waren fremd-
ländische Gehölze und giftige Pflanzen Ende
der 1950er Jahre kein Thema. Im Norden und
im Süden waren die Zugangswege vollständig
mit Gehölzen bepflanzt, erst im Mittelteil
öffnet sich die Vegetation in einer Rasenfläche.
Größere Bäume wurden häufig in gleichartigen
2er-Gruppen angeordnet.

Gestaltungselemente

Als Spielmöglichkeiten für Kinder reichte ein
einfacher Sandkasten vollkommen aus, der in
Wegebaumaterial eingefasst und durch zwei
Bänke ergänzt wurde.

Besonderheiten

Die Zeilenbauten innerhalb des Schubertrings
stehen als Gruppe baulicher Anlagen
(Ensemble) unter Denkmalschutz. Für die
Gebäude innerhalb des Haydnrings sowie
einige angrenzende Bauten besteht ebenfalls
Denkmalschutz.

DUNANTPLATZ
Dunantplatz/Hochring, Eichelkamp
1959–1963

Am Stadtteil Eichelkamp, der 1956 bis 1959 entstand, wurden zwei verschiedene Standorte für den Einzelhandel definiert: Während an der Einfahrt zum Eichelkamp noch eine Zusammenfassung weniger kleiner Läden in direktem Bezug zu den Kunden angelegt wurde, entstand mit dem Dunantplatz nur wenig entfernt ein kleines Geschäftszentrum, das für einen größeren Einzugsbereich am Hochring bzw. der Röntgenstraße vorgesehen war. Für damals bis zu 4.000 Bewohner des Stadtteils Eichelkamp wurde dieser Marktplatz fußläufig über ein separates Wegenetz erschlossen.

Der Dunantplatz ist ein typisches Beispiel für die kleinen Ladenplätze der Aufbaujahre. Er hat im Vergleich die aufwendigste Gestaltung mit einer sehenswerten Brunnenanlage, Sitzbänken und Blumenrabatten sowie zum Teil aufwendigen Bodenbelägen, die das Bemühen um eine attraktive Mitte zeigen. Die symmetrisch aufgebaute Ladenzeile mit einem Wechsel aus zwei- und dreigeschossigen Baukörpern betont die verschiedenen Eingangszonen. Die Läden werden über einen breiten, überdachten Gehweg betreten. Leider ist die bauzeitliche Überdachung nicht mehr erhalten.

Die Geschäftsräume können unabhängig vom Kundenbetrieb rückwärtig beliefert werden. Die Kundenparkplätze entstanden direkt auf dem Platz, wo sie das urbane Leben heute zunehmend beeinträchtigen.

Marktplatz Eichelkamp – Dunantplatz, Gestaltungsvorschlag, 28.05.1959. Original im Maßstab 1:500.
Quelle: Stadt Wolfsburg, Institut für Zeitgeschichte und Stadtpräsentation (IZS)

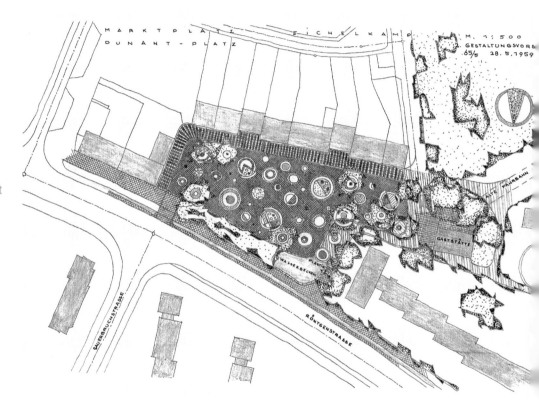

Dunantplatz, Lageplan, 29.07.1959.
Original im Maßstab 1:500.

Quelle: Stadt Wolfsburg, Institut für Zeitgeschichte
und Stadtpräsentation (IZS)

Planung

Stadt Wolfsburg,
Stadtgartenamt und Hochbauamt
Entwurf: 1959

Bepflanzung

Für die ursprüngliche Bepflanzung des Platzes
mit Bäumen waren zwei verschiedene Gestal-
tungstypen geplant: Für Ebereschen und Birken
waren Gräser, Kriechmispel und Fünffingerkraut
vorgesehen, für Hainbuchen und Rotbuchen
dagegen Blumenzwiebeln, Johanniskraut und
Dickblattgewächse. Je Baumkreis sollte nur
eine Art des Bodendeckers Verwendung finden.

Die Baumanordnung des Platzes ermöglicht
eine Gliederung des Eingangs und Durchgangs.
Zwischen Hausnummer 1 und 85 und vor Hausnummer 5 und 6 werden kleinteilige Bereiche
geschaffen, ohne die großflächige Nutzung des
Platzes zu behindern. Ursprünglich war offensichtlich eine Zonierung von der Ladenzeile zum
Platz angedacht.

Gestaltungselemente

Die Gestaltung des Platzes besteht aus kreisrunden Pflastersteinen aus unterschiedlichen Materialien mit kreisrunden Baumscheiben. Offensichtlich waren die Pflasterkreise sehr detailliert geplant
und nicht zufällig mit Pflaster aufgefüllt. Die größeren und kleineren Kreise sind abwechselnd mit
mit Betonsteinpflaster, Klein- und Mosaikpflas-

ter aus Naturstein sowie Klinkern gestaltet.
Die Brunnenanlage, die sich im westlichen
Bereich des Platzes findet, entstand in Weiter-
führung dieses runden Pflastermotivs. Die
Brunnenanlage besteht im Gegensatz zu allen
Vollkreisen aber aus zwei zusammengesetzten
Halbkreisen. Peter Szaif entwarf dazu ein
Wasserspiel aus Metallröhren. Der Boden des
Brunnens ist mit Platten aus Velpker Hartsand-
stein gestaltet.

Wasserspiel-Brunnenanlage, Peter Szaif,
Wolfsburg, 1963
Metallröhren

Besonderheiten

Der Dunantplatz und die ihn unmittelbar umgebende Bebauung stehen nicht unter Denkmalschutz. Gleichwohl handelt es sich um einen
Platz von bemerkenswerter gestalterischer
Qualität. Weder der Platz noch die ihn unmittelbar umgebende Bebauung stehen unter Denkmalschutz im Sinne des Niedersächsischen Denkmalschutzgesetzes. In einer durch die Stadt
Wolfsburg beauftragten Studie wird der Platz
2006 als erhaltenswerte Bausubstanz klassifiziert.

Aufgrund von Parkplatzmangel ist der Dunantplatz heute häufig mit Fahrzeugen belegt, die
verhindern, dass die Platzgestaltung wahrgenommen wird.

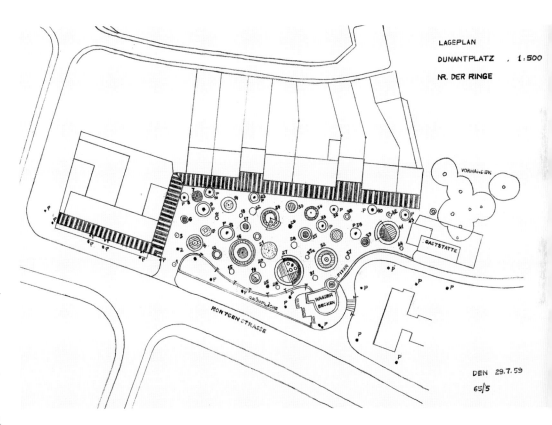

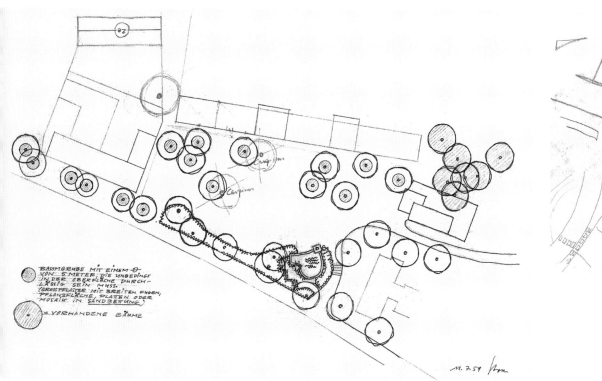

Dunantplatz, Baumstandorte, 11.07.1959.
Original im Maßstab 1:250.

Quelle: Stadt Wolfsburg, Institut für Zeitgeschichte
und Stadtpräsentation (IZS)

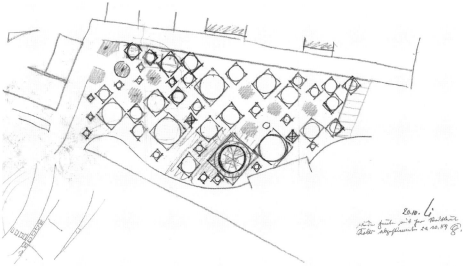

Skizze Dunantplatz, am 21.11.1959
mit Stadtbaurat Peter Koller abgestimmt.

Quelle: Stadt Wolfsburg, Institut für Zeitgeschichte
und Stadtpräsentation (IZS)

Pflasterung. Ersatz für Baumring, 1960.
Original im Maßstab 1:50.

Quelle: Stadt Wolfsburg, Institut für Zeitgeschichte und Stadtpräsentation (IZS)

Verlegeplan Brunnenanlage Dunantplatz,
Garten- und Friedhofsamt, 1963. Original im Maßstab 1:20.

Quelle: Stadt Wolfsburg, Geschäftsbereich Grün

Brunnenanlage Dunantplatz,
Detailplanung, Stadt Wolfsburg,
Hochbauamt, 1962. Original im Maßstab 1:20.

Quelle: Stadt Wolfsburg, Institut für Zeitgeschichte
und Stadtpräsentation (IZS)

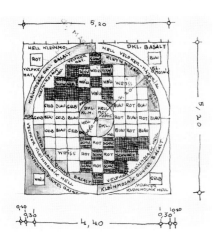

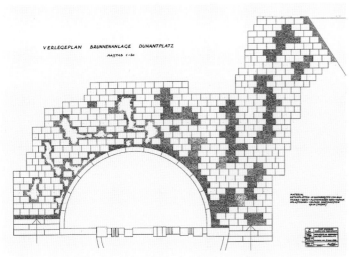

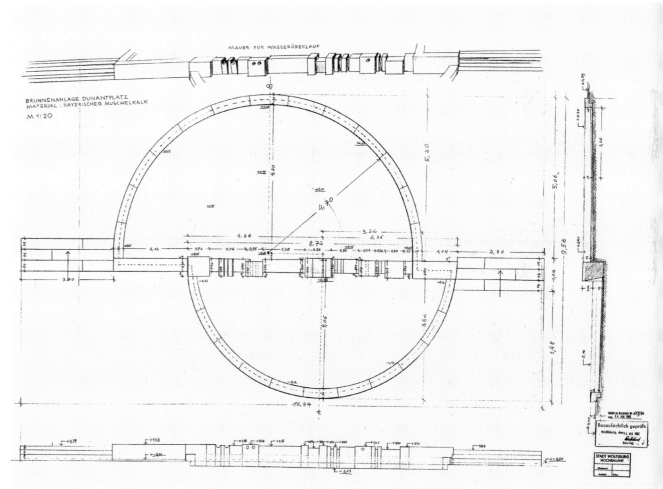

Wasserspiele von Peter Szaif am Dunantplatz, ohne Datum.
Foto: unbekannt.

Quelle: Stadt Wolfsburg, Institut für Zeitgeschichte
und Stadtpräsentation (IZS)

Postkartenmotiv des Brunnens am Dunantplatz
mit dem Schmuckbeet im Hintergrund, ohne Datum.
Foto: unbekannt.

Quelle: Stadt Wolfsburg, Institut für Zeitgeschichte
und Stadtpräsentation (IZS)

EINKAUFSZENTRUM EICHELKAMP
Eichelkamp/Hochring, Eichelkamp
ab 1959

Zu beiden Seiten der Zufahrt in das Wohnge-
biet Eichelkamp liegen zwei Gebäudekom-
plexe mit kleineren Läden, die zur unmittelbaren Nahversorgung vorgesehen waren.
Der damals großzügig geplante Einfahrtsbe-
reich wurde mit Geschäften in der damals
üblichen Größe und durch Gastronomie
belebt. Neben einem Nahversorger befinden sich dort heute ein Restaurant und ein
Nagelstudio. Die Geschäfte liegen um fast
ein Geschoss erhöht oberhalb der Straße und
sind über Rampen und Freitreppen von zwei
Seiten erreichbar.

Die Gestaltung war kleinteilig, offen und
transparent. Man brauchte und wollte zur
Straße keine abschirmende Wirkung. Rasenflächen waren mit Bodendeckern eingefasst,
die als solche auch geachtet wurden.

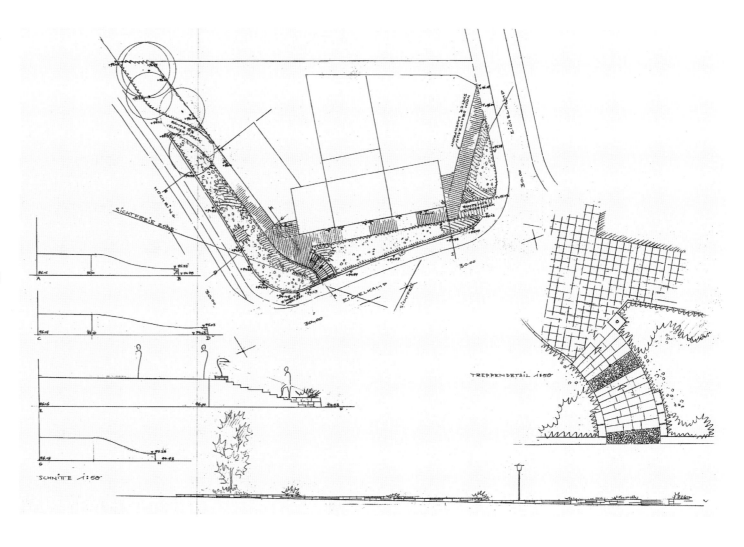

Grünfläche Hochring – Ecke Eichelkamp, Lageplan im Maßstab 1:100,
Schnitte und Treppendetail im Maßstab 1:50, Maueransicht im
Maßstab 1:100, Stadtgarten- und Friedhofsamt, 1959.
Quelle: Stadt Wolfsburg, Geschäftsbereich Grün

Blick vom benachbarten Hochhaus
auf den Hochring mit der Einmündung Eichelkamp,
ohne Datum. Foto: Herbert Rolke.

Quelle: Stadt Wolfsburg, Institut für Zeitgeschichte
und Stadtpräsentation (IZS)

Planung
Stadt Wolfsburg,
Stadtgarten- und Friedhofsamt
Entwurf: 1959

Bepflanzung
Die Gestaltung der Grünanlagen beschränkte sich vermutlich auf Rasenflächen und damals übliche niedrige Zierpflanzen.

Gestaltungselemente
Die Rampen weisen ein Mosaikpflaster aus Velpker Sandstein auf. Die niedrigen Stützmauern sind in unregelmäßigem Verband rustizierter Quader ebenfalls aus Velpker Sandstein ausgeführt. Die Mauerkronen haben eine Abdeckung aus Betonstein.

Besonderheiten
Die Gebäude auf der Nordseite der Quartierszufahrt stehen als Gruppe baulicher Anlagen (Ensemble) unter Denkmalschutz. Für die südliche Gebäudegruppe besteht kein Schutzstatus. Gleichwohl wirkt die Gesamtanlage im Sinne eines Eingangstors zum Wohnquartier Eichelkamp und ist als gestalterische Einheit zu betrachten.

WALDSCHULE EICHELKAMP
Düsterhoopring, Eichelkamp
ab 1960

Volksschule 10, Am Eichelkamp, Außenanlagen,
Entwurf: Hans-Henning Tappen, Garten- und Landschaftsarchitekt,
Wolfsburg, 1960. Original im Maßstab 1:200.
Quelle: Stadt Wolfsburg, Geschäftsbereich Grün

Die Schule, die 1959 von Alfred Hinderlich entworfen wurde, besteht aus mehreren Einzelgebäuden, die ringförmig angeordnet und über Laubengänge miteinander verbunden sind. Die Gebäude werden vom Eingangshof und dem Fachklassentrakt im Norden erschlossen. Das Gelände fällt leicht nach Süden ab.

Als einzige Waldschule in Wolfsburg wurde die Anlage praktisch direkt in den Stadtwald hineingebaut und der vorhandene Buchenbestand dabei weitgehend erhalten. Die frei stehenden Klassenhäuser sind locker in das weitläufige Gelände integriert und bieten einzigartige Möglichkeiten für naturnahes Lernen. Die Klassenräume sind nach Süden orientiert, die Zugänge befinden sich jeweils im Norden. Jedes Haus verfügt über einen kleinen Pausenhof, der mit Betonplatten befestigt ist. Niedrige Dächer mit zierlichen Stahlstützen überdachen die Laubengänge. In den folgenden Jahren wurden ein Schulkindergarten und eine Sportanlage angegliedert.

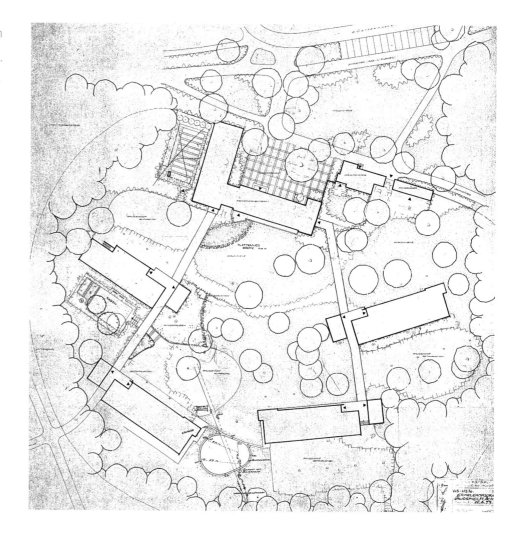

Schulsportanlage, Volksschule 10, Am Eichelkamp.
Vorentwurf: Hans-Henning Tappen, Garten- und
Landschaftsarchitekt, Wolfsburg, 1962. Original im
Maßstab 1:500.

Quelle: Stadt Wolfsburg, Geschäftsbereich Grün

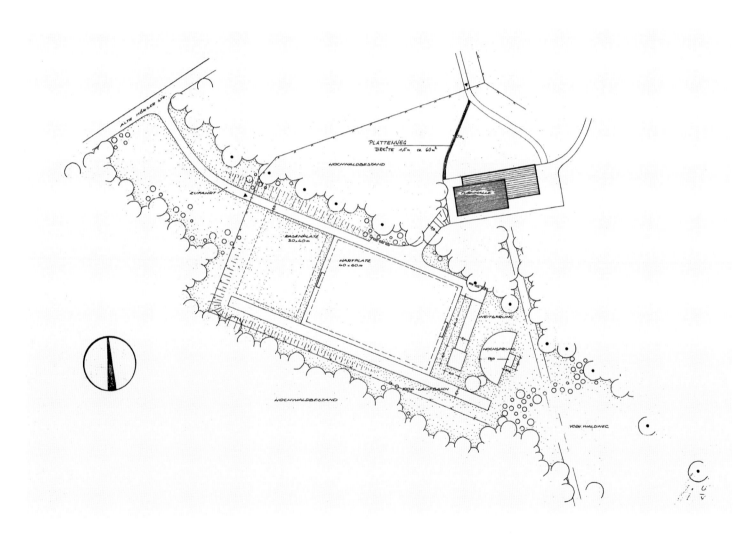

Planung
Stadt Wolfsburg,
Stadtgarten- und Friedhofsamt
Hans-Henning Tappen,
Garten- und Landschaftsarchitekt
Entwurf: 1960

Bepflanzung
Entwickelt wurde ein spannendes Zusammenspiel aus Natur und Gestaltung: Bodendecker
und Stauden waren in Beeten angeordnet und
mit Natursteinmauern eingefasst, während
unter dem vorhandenen alten Baumbestand
Waldwiesen und Wildstauden deckend vorhanden waren.

Hervorzuheben ist, dass mit einer vegetations-
schonenden Bauweise offensichtlich fünf größere
Gebäude in unmittelbarer Nähe zu Waldbäu-
men errichtet werden konnten. Ein Großteil
des alten Bestands (115 Stück) ist heute noch
vorhanden. Die Waldstauden und Waldwiesen
sind dem Nutzerdruck zum Opfer gefallen und
nicht mehr im Schulhofbereich zu finden.

Besonderheiten
Das Gebäudeensemble steht als Gruppe baulicher Anlage unter Denkmalschutz. Die Außenanlagen sind konzeptioneller Bestandteil der
Gruppe. Wege, Treppen und Beete sind in
schlechtem Zustand und müssen in absehbarer
Zeit saniert werden.

Schulkindergarten, Volksschule 10, Am Eichelkamp.
Entwurf: Hans-Henning Tappen, Garten- und Landschaftsarchitekt,
Wolfsburg, 1965. Original im Maßstab 1:200.
Quelle: Stadt Wolfsburg, Geschäftsbereich Grün

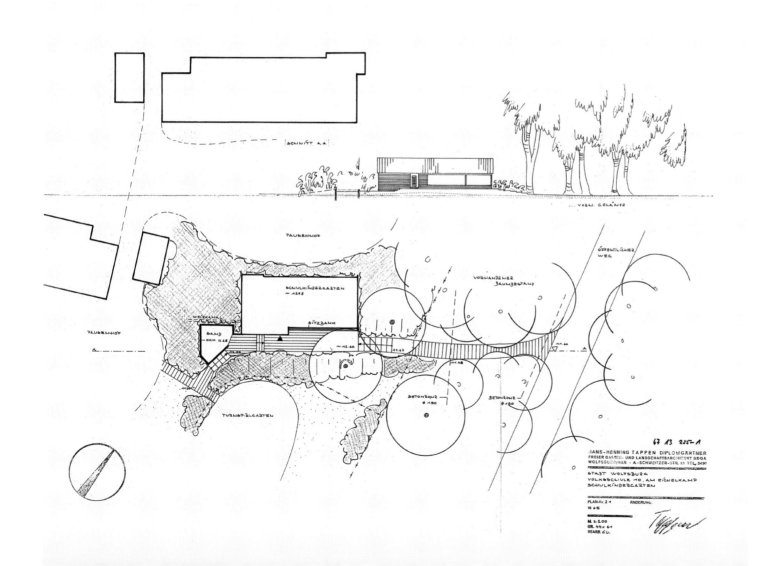

Waldschule Eichelkamp, ohne Datum.
Fotos: H. G. Penner.
Quelle: Stadt Wolfsburg, Institut für Zeitgeschichte
und Stadtpräsentation (IZS)

MARKTPLATZ RABENBERG
Rabenbergstraße, Rabenberg
1960–1962

Unter Berücksichtigung des alten Baumbestandes entstand ab 1958 Wolfsburgs größte Waldsiedlung, der Rabenberg. Sie wurde buchstäblich in den Wald hineingebaut. Charakteristisch ist die städtebauliche Anlage mit 2- bis 4-geschossigen Wohnzeilen und Punkthäusern, die zur Landschaft geöffnete Räume bilden. Der Burgwall, die zentrale Erschließungsstraße aus der Innenstadt, führt zentral auf einen Marktplatz, der den Mittelpunkt der Siedlung bildet und auf der linken Seite durch ein 9-geschossiges Hochhaus akzentuiert wird. Mit seinen angrenzenden Geschäften liegt er leicht erhöht, wird durch eine niedrige Stützmauer zur Straße begrenzt und ist auf beiden Seiten über Treppen und Rampen erreichbar. Davor wurde ein Streifen mit zwölf Pkw-Stellplätzen angelegt. Der Charakter der Waldsiedlung spielt auch in der Platzgestaltung eine wichtige Rolle:

Die lang gestreckte Form führt den Wald im Süden bis dicht an den Marktplatz heran. Die Grenzen von Natur und gestaltetem Freiraum verschwimmen. Im nördlichen Eingangsbereich ist der Markt als offener Platz angelegt, der sich trichterförmig in den Straßenraum öffnet und verschiedene Nutzungen ermöglicht. Im Zentrum liegt eine weitläufige Pflanzfläche mit hohem Baumbestand, die beidseitig von Wegen eingefasst wird.

Die Einfassungen der Beete waren eher eckig als organisch. Wahrscheinlich sollte unter dem Baumdach durch niedrige Bodendecker eine offene Formensprache deutlich werden, Blickbeziehungen zulassen und dunkle Räume vermeiden.

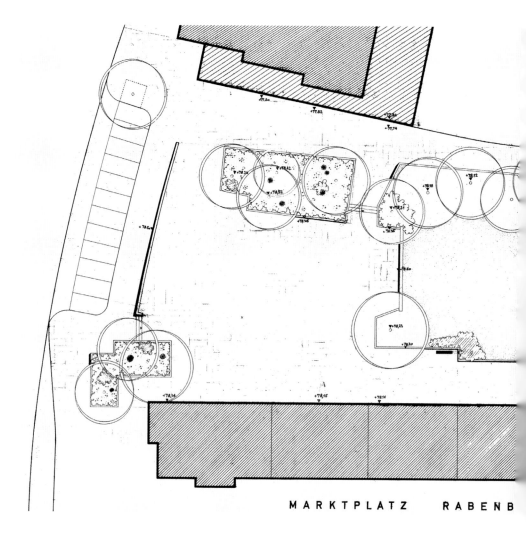

Gestaltung Marktplatz Rabenberg, Stadt Wolfsburg, Hochbauamt sowie Garten- und Friedhofsamt, 1960. Original im Maßstab 1:100.
Quelle: Stadt Wolfsburg, Geschäftsbereich Grün

MARKTPLATZ RABENB

Marktplatz Rabenberg, Bepflanzungsplan, Garten-
und Friedhofsamt, 1962. Original im Maßstab 1:100.

Quelle: Stadt Wolfsburg, Geschäftsbereich Grün

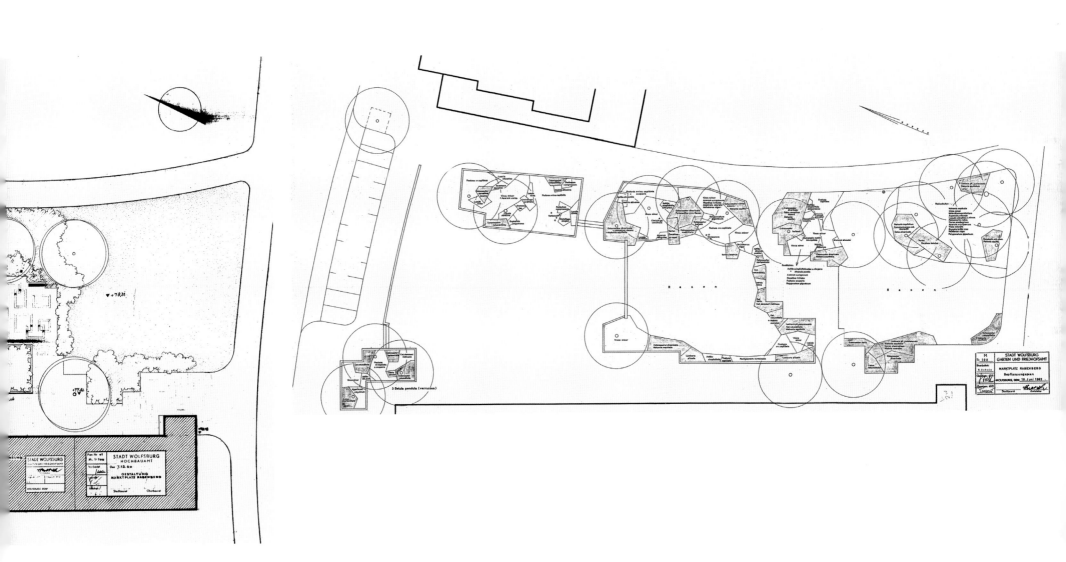

Planung
Stadt Wolfsburg,
Stadtgartenamt
Entwurf: 1960

Bepflanzung
Der Platz war von Anfang an durch viele
Standorte von Großbäumen geprägt, die den
Wald optisch ins Zentrum der Siedlung ver-
längern. Darunter sind Pflanzbeete angelegt,
die größere Rasenflächen zum Rande hin
baumbegleitend abgrenzen. Verwendung
fanden wüchsige Bodendecker, auch flächige
Gräser. Die sehr aufwendige Pflanztypologie
der 1950er Jahre verschwand allmählich und
ist heute kaum noch zu erahnen.

Gestaltungselemente
Ins Auge fällt die Pflasterung des Platzes mit
einem Streifenmuster aus roten Klinkern, die
jeweils acht quadratische Platten aus grauem
Betonstein umschließen und im 90-Grad-Winkel
gegeneinander verdreht sind. Stützmauern aus
Naturstein, mutmaßlich Elmkalk, fangen das
leicht bewegte Gelände ab. Zeittypisch ist auch
die Pflasterung der Fußwege mit ihrer pastell-
bunten Farbgebung und dem Mosaikmotiv.

Geschützt durch höheren Bewuchs findet sich
im Zentrum eine kleine Fläche, die als „Platz
im Platz" eine halböffentliche Situation schafft
und zum Verweilen einlädt.

GRÜNANLAGE MECKLENBURGER STRASSE

Mecklenburger Straße / Samlandweg, Laagberg
ab 1964

Die Grünanlage gehört zum Wohnquartier am Laagberg-Nord, das Mitte der 1950er Jahre durch die Neuland Wohnungsgesellschaft errichtet wurde und überwiegend aus 4-geschossigen Wohnzeilen besteht. Durch die Mitte verläuft eine Wegeachse in Nord-Süd-Richtung, die von der Pauluskirche an der Mecklenburger Straße zur Laagbergschule am Samlandweg führt. An dem Fuß- und Radweg sind auf der Ostseite verschiedene Funktionsbereiche angelagert: von einem Bolzplatz am nördlichen Ende über einen Korbballplatz bis zum Spielbereich im Süden. Dazwischen liegen großzügige Rasenflächen. Auf der Westseite schirmen Gehölze die Achse zur Wohnbebauung ab.

Planung
Stadt Wolfsburg,
Garten- und Friedhofsamt
Entwurf: 1964

Gestaltungselemente
Bezeichnend ist der Wandel bei der Planung von (Sport-)Freizeitflächen in den 1960er Jahren: Die Rasenflächen wurden insgesamt großzügiger, die Formen eher eckig und weniger organisch.

Besonderheiten
Die geplante Pflanzung westlich des Weges wurde wahrscheinlich nicht hergestellt. Heute dominieren ausgewachsene Sträucher und Bäume.

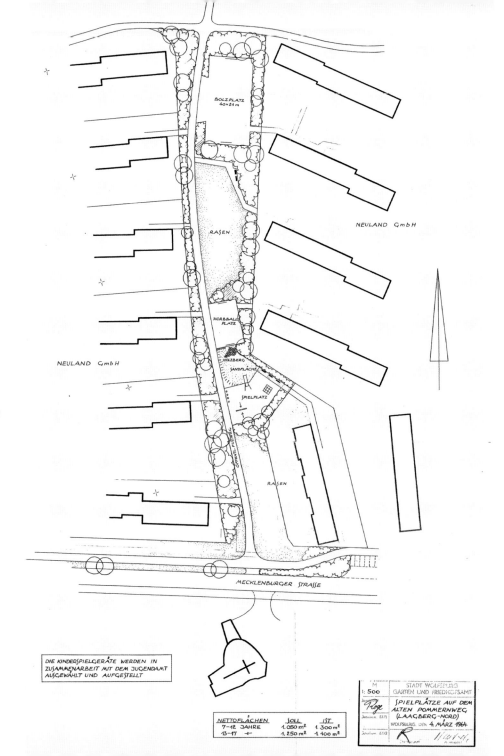

Spielplätze auf dem alten Pommernweg, Laagberg-Nord. Planbearbeitung:
Garten- und Friedhofsamt, 1964. Original im Maßstab 1:500.
Quelle: Stadt Wolfsburg, Geschäftsbereich Grün

Grüne Wegeachse am Laagberg.
Sie verbindet Pauluskirche, Einkaufszentrum und Schule.
Fotos: Ali Altschaffel

Bauzeitlicher Blick über den
Robert-Koch-Platz mit bunter Blumenrabatte.
Foto: unbekannt.

Quelle: Stadt Wolfsburg, Institut für Zeitgeschichte
und Stadtpräsentation (IZS)

KATEGORIE II

GRÜNANLAGE STEIMKER BERG
Unter den Eichen/Waldpfad, Steimker Berg
1951

Der Steimker Berg ist als erstes Wohnquartier der „Stadt des KdF-Wagens" ab 1938 entstanden. 483 Wohnungen in 250 Häusern wurden hier in einer Waldsiedlung errichtet – Reihen-, Doppel- und Mehrfamilienhäuser mit eigenen Gärten und großzügigen Freianlagen. Stadtplaner Peter Koller arbeitete eng mit dem Garten- und Landschaftsgestalter Wilhelm Heintz zusammen.

Ziel war, die Straßen und Gebäude in den bestehenden alten Baumbestand so einzufügen, dass möglichst wenige Bäume gefällt werden mussten. Das grüne Rückgrat der Siedlung ist eine aus der Landschaft in die Siedlung entwickelte Folge von Räumen, die die Gesamtanlage im goldenen Schnitt teilt. Der Marktplatz bildet in Verbindung mit dem anschließenden Grünplatz, der hinter einer „Tordurchfahrt" liegt, den Kern des Waldviertels. Entlang der zentralen Hauptachse wurden verschiedene Sonderfunktionen angeordnet, zu denen auch ein Hotel zählt. Nach Süden öffnet sich die Raumfolge trichterförmig in die Landschaft und schafft Ausblick und Zugang zum reizvollen Hasselbachtal.

Nach 1945 wohnten hier zunächst viele Angehörige der englischen Besatzungstruppen. Um 1951 wurde die kleine symmetrische Grünanlage neu gestaltet.

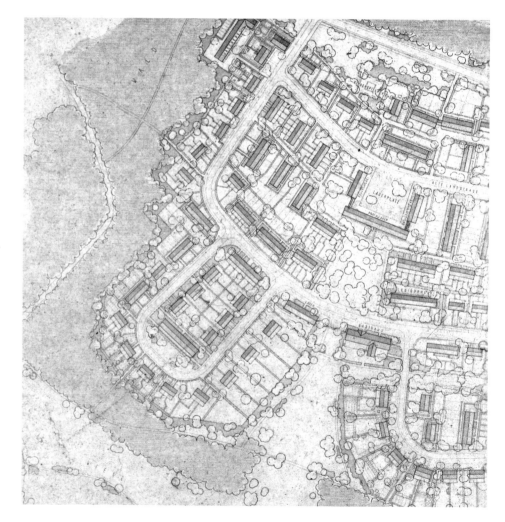

Grünanlage vor dem Hotel Steimker Berg.
Vorschlag zur Wiederherrichtung,
Planbearbeitung: Stadtgartenamt, 1951.
Original im Maßstab 1:250.

Quelle: Stadt Wolfsburg, Geschäftsbereich Grün

Planung

Stadt Wolfsburg, Stadtgartenamt, Entwurf: 1951

Bepflanzung

Es handelt sich um eine trapezförmige, heute weitgehend ungegliederte Rasenfläche mit altem Buchen- und Eichenbestand, die ursprünglich an verschiedenen Stellen mit Rhododendren akzentuiert und an den Längsseiten mit Liguster eingefasst war.

Gestaltungselemente

Die historischen Pläne zeigen im Norden der grünen Quartiersmitte eine Schmuckpflanzung in der Achse der „Tordurchfahrt". Im Süden ist eine Terrasse mit Bänken und zwei symmetrisch angeordneten, achteckigen Pavillons dargestellt, die von der Straße Unter den Eichen über wenige Stufen erreicht werden kann. Zwischen den beiden Treppenanlagen befindet sich ein weiteres Schmuckbeet, das zur abfallenden Südseite mit einer niedrigen Stützmauer aus Velpker Sandstein gefasst ist. Mäuerchen, Wege und Stufen bestehen nach den Plänen von 1951 aus Elmkalk. Gefälle und Geländesprünge sowie die Schmuckpflanzungen wurden mit Bossensteinen eingefasst. Einige weiße Gartenbänke waren in handwerklicher Qualität eingebaut.

Stufen und Stützmauer sind heute noch erhalten. Bänke sind allerdings nur noch entlang der Wege angeordnet, die um die Fläche herumführen.

Nicht sicher ist, ob die Pavillons tatsächlich errichtet wurden. Die Ausführung kann nach aktuellem Kenntnisstand zumindest fotodokumentarisch nicht nachgewiesen werden.

Besonderheiten

Der Steimker Berg steht heute als Gruppe baulicher Anlagen unter Denkmalschutz. Das heißt, er ist als gesamtes Ensemble mit seinen Freianlagen, den Buchhecken und dem alten Baumbestand geschützt.

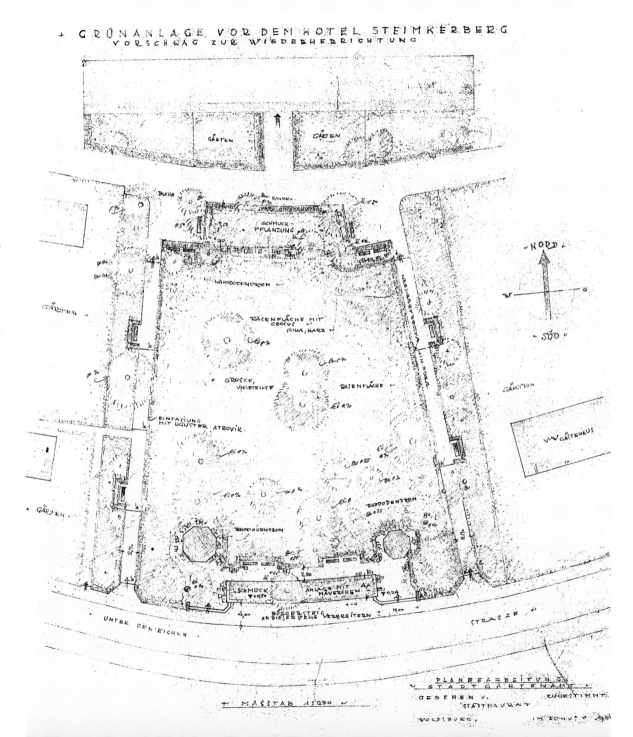

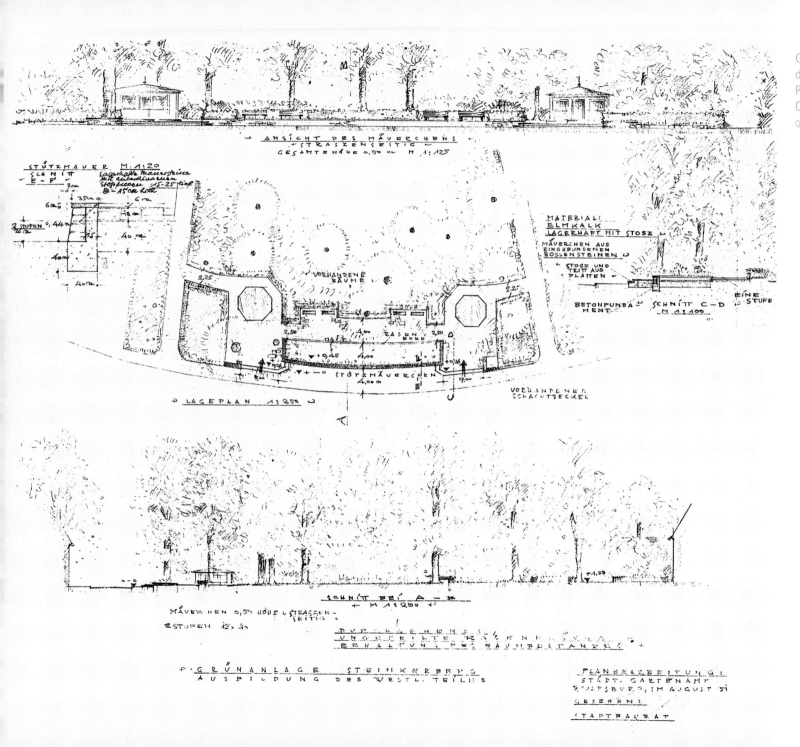

Grünanlage Steimker Berg, Ausbildung
des westlichen Teils.
Planbearbeitung: Städtisches Gartenamt, 1951.
Originale im Maßstab 1:100 bis 1:250.
Quelle: Stadt Wolfsburg, Geschäftsbereich Grün

ROBERT-KOCH-PLATZ
Robert-Koch-Platz/Kleiststraße, Stadtmitte
1952

Der Robert-Koch-Platz ist ein Anfang der 1950er Jahre achssymmetrisch angelegter grüner Stadtplatz. Er befindet sich an sehr geschichtsträchtiger Stelle: In der nationalsozialistischen Phase der Stadtgründung wurde hier der größte Platz des Gemeinschaftslagers angelegt, an dem sich das öffentliche Leben in einer bis zu 5.000 Besucher fassenden Halle in Holzbauweise, der sogenannten Tullio-Cianetti-Halle, abspielte. Sie wurde wenige Tage nach Ende des Zweiten Weltkriegs durch einen Großbrand vernichtet.

An ihrer Stelle entstand der Robert-Koch-Platz in Zusammenhang mit dem Bau der VW Betriebskrankenkasse 1950 an der nördlichen Stirnseite. Das Gebäude war ab 1960 städtisches Ordnungsamt und wird heute durch die Hochschule Ostfalia genutzt. Es steht unter Denkmalschutz. An der Westseite

des Platzes befand sich ein Gebäude der Stadtwerke (1941/42), das später zeitweise als Stadthalle genutzt wurde, und im Osten eine Wohnblockbebauung. Im Süden prägte die dreigeschossige Straßenrandbebauung der Kleiststraße das Umfeld, die zum größten Teil schon in der Kriegszeit entstanden war.

Der unbefestigte Robert-Koch-Platz war bis Mitte 1952 bei schlechtem Wetter kaum passierbar und galt als „Schandfleck" der Stadt. Ende 1951 entstand die Idee, ihn als innerstädtischen Schmuckplatz und Erholungsanlage für die Bevölkerung neu anzulegen. Die Gestaltung sollte mit einfachen grünplanerischen Mitteln erfolgen und dem späteren Rathausplatz deutlich untergeordnet sein. Zeitgleich begann eine sehr dynamische bauliche Entwicklung in diesem Quartier, das heute als Handwerkerviertel bezeichnet wird.

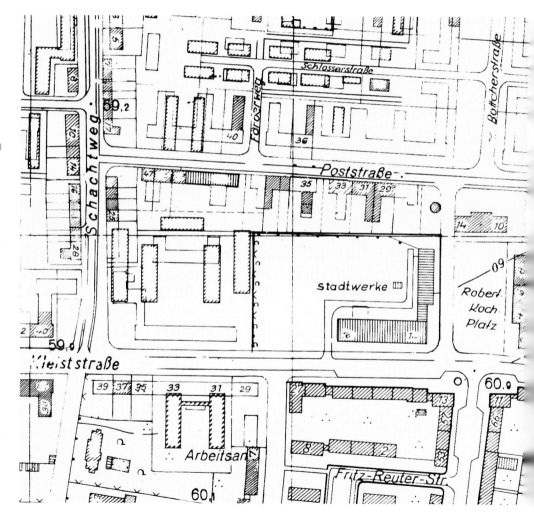

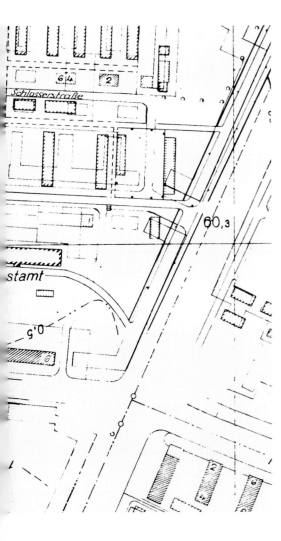

Planung

Stadt Wolfsburg, Stadtgartenamt, Gartenbauinspektor Hultsch
Entwurf: 1952
Umsetzung: ab Ende 1952

Bepflanzung

Der Robert-Koch-Platz war ursprünglich allseitig von Straßen umgeben.
Zwei Wege mit jeweils vier „Sitznischen" umrahmten eine rechteckige
Rasenfläche im Zentrum, die achssymmetrisch auf den Eingang des
ehemaligen BKK-Gebäudes ausgerichtet war. Sie sind mit geschützt
liegenden handwerklichen Bänken und heckenartigen Buschwerkzonen
an den Längsseiten gestaltet. Nach Süden zur Schillerstraße öffnete sich
der Platz. Im Vordergrund war ursprünglich eine orthogonale Blumenrabatte angelegt, die mit leuchtenden Blumen jahreszeitlich wechselnd
bepflanzt wurde. Die Einfassung des Hochbeetes bestand aus Bruchstein-
mauerwerk mit einer Abdeckung aus rotem Wesersandstein. Auch die
Rasenkanten waren mit Sandstein eingefasst. Eine Baumreihe aus Silber-
ahornbäumen auf der Westseite gab dem Platz hier eine räumliche
Fassung. Ursprünglich gepflanzte Eibenbüsche sind noch vorhanden und
werden in die neue Gestaltung integriert.

Gestaltungselemente

Im Zentrum der Rasenfläche ist auf einer kleinen Erhöhung seit 1988 die
Skulptur „Rückblick" angeordnet. Sie erinnert an das rückwärtige
Fenster des VW-Käfers der damaligen Zeit, das auch als „Brezelfenster"
bezeichnet wird.

Skulptur: Wolfgang Itter, Königslutter, 1988
Granit, 5,30 x 2,10 x 2,35 m

Besonderheiten

Der Platz und seine angrenzenden Bauten bilden eine Gruppe baulicher
Anlagen im Sinne des Niedersächsischen Denkmalschutzgesetzes. Die
heutige Situation des Platzes ist gegenüber der ursprünglichen Gestaltung allerdings deutlich verändert. 2009 wurde das Handwerkerviertel
als Sanierungsgebiet ausgewiesen. Auf der Basis eines freiraumplaneri-
schen Wettbewerbs, der 2012 durchgeführt wurde, wird der Robert-
Koch-Platz ab 2018 neu gestaltet.

Früher Entwurf für den Robert-Koch-Platz,
ohne Datum.

Quelle: Stadt Wolfsburg, Institut für Zeitgeschichte
und Stadtpräsentation (IZS)

Entwurfsskizzen „Bepflanzung Robert-Koch-Platz",
1952. Es handelt sich um Entwürfe für die
Blumenrabatte.

Quelle: Stadt Wolfsburg, Institut für Zeitgeschichte
und Stadtpräsentation (IZS)

Übersichtsplan des Robert-Koch-Platzes,
Städtisches Gartenamt Wolfsburg, 1952.

Quelle: Stadt Wolfsburg, Geschäftsbereich Grün

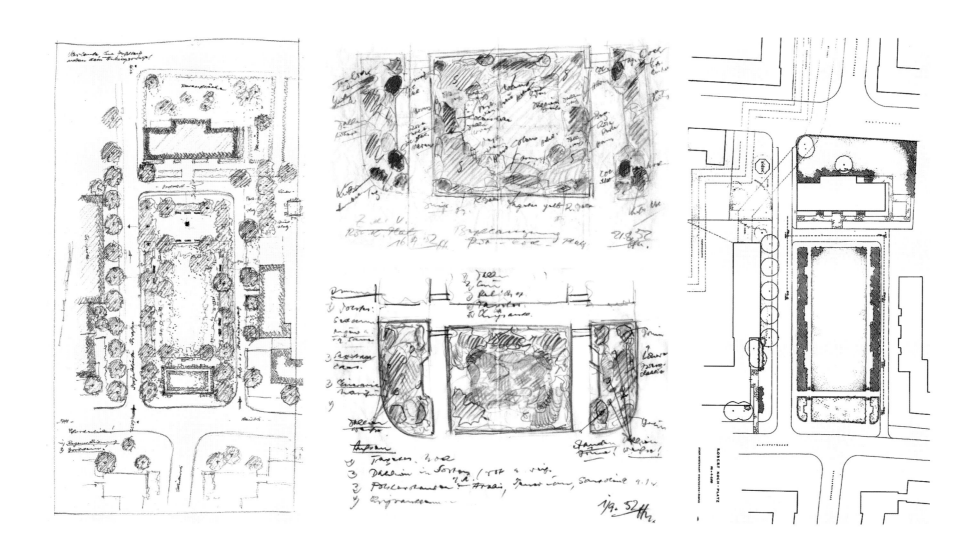

Beet- und Wegeeinfassungen in den 1950er Jahren.
Foto: unbekannt.
Quelle: Stadt Wolfsburg, Institut für Zeitgeschichte und Stadtpräsentation (IZS)

Blick von Süden über den Robert-Koch-Platz, 1952.
Das symmetrisch gegliederte Gebäude der Betriebskrankenkasse
mit Dachreiter und Turmuhr bildet den Hintergrund.
Foto: unbekannt.
Quelle: Stadt Wolfsburg, Institut für Zeitgeschichte und Stadtpräsentation (IZS)

Postkartenmotiv „Wolfsburg. Robert-Koch-Platz", 1950er Jahre.
Quelle: Stadt Wolfsburg, Institut für Zeitgeschichte und Stadtpräsentation (IZS)

WELLEKAMP
Wellekamp/Lessingstraße/Saarstraße, Stadtmitte
1955–1957

Der Wolfsburger Wellekamp – ursprünglich auch als „Nasses Dreieck"
bezeichnet – war das erste große Wohnungsbauprojekt des Berliner
Architekten Paul Baumgarten nach dem Krieg. 1953 begann die
Zusammenarbeit mit der Siedlungsgesellschaft des Volkswagenwerks.

Südlich der Heinrich-Nordhoff-Straße (damals: Fallersleber Straße)
auf einem Grundstück in unmittelbarer Nähe des Werksgeländes
entstand ein grünes Wohnquartier rund um die großzügig angelegte
Freifläche im Zentrum. Das Ensemble aus acht 3- bis 4-geschossigen
Wohnzeilen in Nord-Süd-Richtung und einem Punkthochhaus löst den
traditionellen Straßenraum auf und stellt die Gebäude fächerförmig
in eine parkähnliche weitläufige Grünanlage. Die lang gestreckten
Baukörper und die durch den Berliner Gartenarchitekten Walter
Rossow ganz behutsam gestaltete Freifläche bilden eine kaum trenn-
bare Einheit, die den natürlichen Gegebenheiten des dreieckigen
Areals folgt.

VW Wohnungsbau Wolfsburg, Bauvorhaben 17
und öffentliche Grünanlagen, Übersichtsplan,
1957. Entwurf: Prof. Walter Rossow, Gartenarchitekt, Berlin. Original im Maßstab 1:500.
Quelle: Akademie der Künste, Berlin, Walter-Rossow-Archiv,
Nr. 1473, Pl. 10

VW WOHNUNGSBAU WOLFSBURG

BAUVORHABEN NR 17
UND
ÖFFENTLICHE GRÜNANLAGEN

ÜBERSICHTSPLAN

Blick vom Hochhaus Saarstraße
auf die Wohnsiedlung Wellekamp, 1961.
Foto: unbekannt.

Quelle: Stadt Wolfsburg, Institut für Zeitgeschichte
und Stadtpräsentation (IZS)

Die eingegrünte Wohnsiedlung Wellekamp
nach mehr als fünfzig Jahren, 2012.
Foto: Ali Altschaffel.

Quelle: Stadt Wolfsburg, Forum Architektur

Planung
VW Siedlungswerk/VW Wohnungsbau
Entwurf: Walter Rossow, Gartenarchitekt BDA, Berlin, 1955–1957
Umsetzung: bis 1960

Bepflanzung
Großzügiger Baumbestand fasst das Wohnquartier nach Norden, die Freifläche nach Süden und den langen Wohnriegel nach Osten zur Lessingstraße. Auch die Parkplatzflächen werden stark eingegrünt. Baumgruppen setzen Akzente insbesondere an den Endpunkten der Zeilenbauten. Strauchpflanzungen waren nur in den Randbereichen vorgesehen.

Gestaltungselemente
Die historischen Pläne zeigen eine ellipsenförmige weitläufige Rasenfläche mit einer Spielfläche am nordwestlichen Ende.

Besonderheiten
Die gesamte Siedlung einschließlich der zugehörigen Freiflächen steht als Gruppe baulicher Anlagen unter Denkmalschutz. Seit 2017 werden durch Volkswagen Immobilien Ergänzungsbauten in die Siedlung eingefügt, verbunden mit einer geringfügigen Reduzierung und Veränderung der Grünanlage im Zentrum. Die offene Gestaltung mit relativ wenigen, aber prägnanten und kräftigen Gehölzen wird beibehalten.

BRÜDER-GRIMM-SCHULE
Örtzestraße, Teichbreite
1963–1964

Die Brüder-Grimm-Schule (aktuell: Leonardo da Vinci Grundschule) wurde ab 1962 vom Hochbauamt der Stadt Wolfsburg entworfen und mit einem starken Landschaftsbezug entwickelt, der besonders typisch für die Schulbauten der Nachkriegsmoderne ist. Die Volksschule ging am 11. April 1964 in Betrieb. Ab 1966 wurden die Freiflächen südlich der Schule und im Norden rund um den Neubau der Turnhalle gestaltet.

Der Entwurf nutzte die reizvolle Lage am Stadtrand geschickt aus, indem er ursprünglich vor allem die Klassenräume der jüngeren Kinder rund um einen weitläufigen grünen Hof gruppierte. Für jede Klasse der Unterstufe entstand ein eigenes kleines „Reihenhaus" mit Pultdach, einem separaten Eingang und einer Terrasse für Freiluftunterricht, während die Klassen der Oberstufe gemeinsam in einem Querriegel untergebracht waren. Die Klassenhäuser sind durch einen überdachten Pausengang intern verbunden. Der Fachklassentrakt trennt einen zweiten Pausenhof im Süden ab.

Ende der 1990er Jahre wurde die Schule umbenannt und an die deutsch-italienische Gesamtschule als Nutzer vergeben. Heute wird sie nur noch durch die zugehörige Grundschule genutzt.

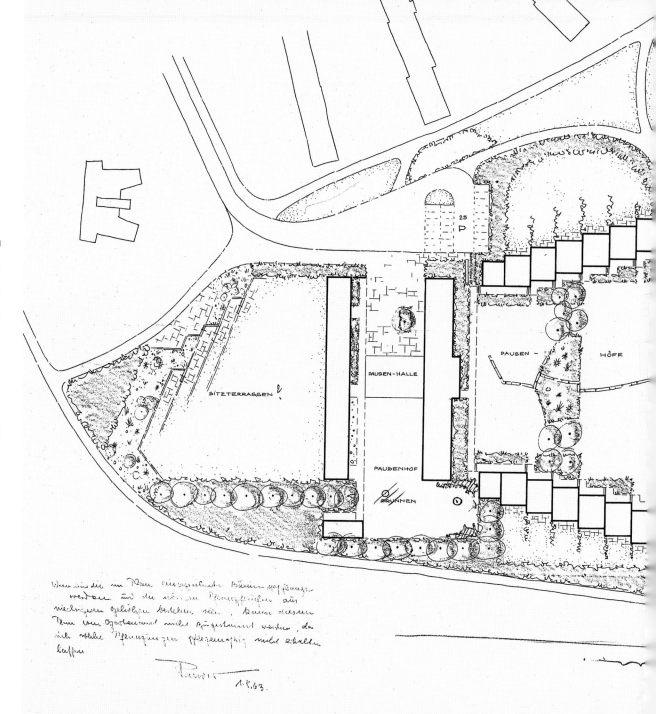

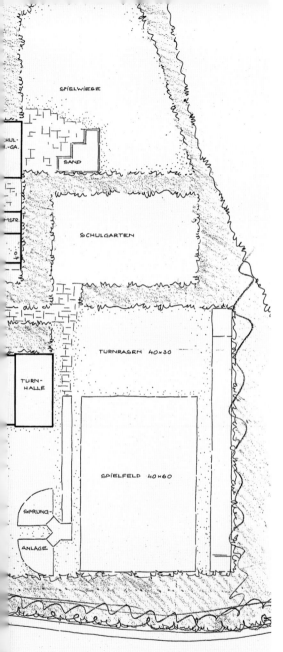

SPIELWIESE

SCHUL-H.-GA.

SAND

1STR.

SCHULGARTEN

TURNRASEN 40×30

TURN-HALLE

SPIELFELD 40×60

SPRUNG-ANLAGE

STADT WOLFSBURG VOLKSSCHULE XII
VORENTWURF FÜR DIE AUSSEN-U. GRÜNANLAGEN
JULI 1963
M = 1:500
Hilliges

gez. 1.8.63 Hg

Stadt Wolfsburg, Volksschule XII, Vorentwurf für die Außen- und Grünanlagen, 1963.
Entwurf: Peter Hilliges, Garten- und Landschaftsarchitekt, Wolfsburg. Original im Maßstab 1:500.
Quelle: Stadt Wolfsburg, Geschäftsbereich Grün

Planung

Stadt Wolfsburg, Hochbauamt
Entwurf: P. Hilliges, Gartenarchitekt, Wolfsburg, 1963
Umsetzung: ab 1964

Bepflanzung

Den Klassenräumen vorgelagert sind Strauchpflanzungen, die die Unterrichtsräume vom Schulhof abgrenzen und für eine Distanz zum Schulhof sorgen.

Gestaltungselemente

Der zentrale Schulhof öffnet sich trichterförmig nach Norden in die Landschaft am Alten Teich, wo ihn die Turnhalle optisch schließt. Eine geschwungene Mauer mit verschiedenen angelagerten Pflanz- und Spielflächen gliedert den weitläufigen Hof in zweimal zwei Teile. Typisch für die Bauzeit ist die Gestaltung eines Spielplatzes im Zentrum des Schulhofs durch Peter Szaif, Künstler der Gruppe Schloßstraße 8.

Spielplatz mit verschiedenen Spielgeräten und einer Kletterplastik („Klettertier").
Peter Szaif, Wolfsburg, 1966.
Sichtbeton mit Holzschalung, Länge: 5 m, Höhe: 1,70 m

Besonderheiten

Erste Konzepte zur Umgestaltung als Wohnanlage zum Beispiel für eine Baugruppe liegen vor. Sie haben sich bisher nicht konkretisiert. Die Anlage steht nicht unter Denkmalschutz.

Blick auf die Brüder-Grimm-Schule mit ihren Schulhofanlagen kurz nach Fertigstellung.
Foto: unbekannt.
Quelle: Stadt Wolfsburg, Institut für Zeitgeschichte und Stadtpräsentation (IZS)

KATEGORIE III

GROSSER SCHILLERTEICH – BOOTSSTEG
Berliner Ring, Stadtmitte
1956

Zu den fünf Teichen des Hasselbachtals zählen neben dem Großen Schillerteich und dem Kleinen Schillerteich der Krumme Teich, der Frauenteich und der Ziegelteich. Die Teiche sind schon Ende des 16. Jahrhunderts erwähnt und waren ursprünglich Fischteiche.

Der Große Schillerteich liegt inmitten der Stadt. Er ist etwa 400 Meter lang und rund 250 Meter breit. Der Grünraum rund um den Großen Schillerteich dient als Freizeitanlage und wird zur Naherholung genutzt. Das Seeufer ist parkartig gestaltet und das Gewässer auf allen Seiten über Wege erreichbar. Nahe dem Westufer liegt eine rund 150 Meter breite Insel. Am Nordufer befand sich die Schillermühle, die 1971 abgerissen wurde. In den 1950er Jahren wurde am Ufer ein Bootshaus mit Schwimmsteg angelegt.

Planung
Stadt Wolfsburg
Entwurf: Hans-Henning Tappen, Garten- und Landschaftsarchitekt, 1956

Gestaltungselemente
Ende der 1970er Jahre wurde auf der Südseite des Teiches eine Spielskulptur nach Plänen des Wolfsburger Künstlers Jochen Kramer errichtet. Sie ging aus der Ausstellung „Kunst im Stadtbild" hervor, die 1974 Kunstwerke der Gruppe Schloßstraße 8 vorstellte, die für den öffentlichen Raum gedacht waren.

Skulptur: Jochen Kramer, Wolfsburg, Entwurf 1974, Umsetzung 1979
Beton, Metall, Höhe 3,90 m

Besonderheiten
Neben der Naherholungsfunktion handelt es sich auch um einen Stausee mit Bedeutung für die Regenrückhaltung der Stadt.

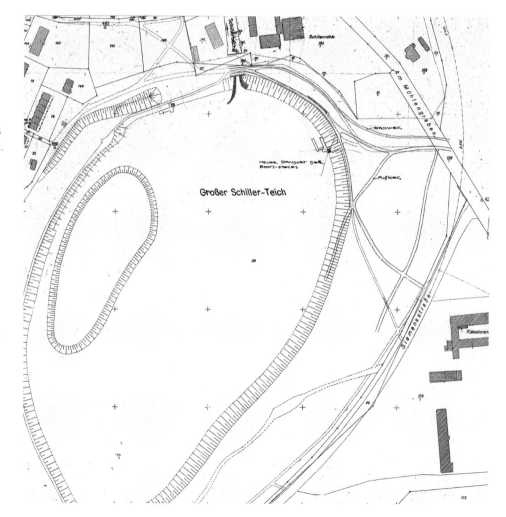

Großer Schillerteich. Neuer Standort Bootssteg, 1956.
Original im Maßstab 1:100. Freiraumplanung: Hans-Henning Tappen, Garten- und Landschaftsarchitekt, Bad Pyrmont/Wolfsburg-Hannover.
Quelle: Stadt Wolfsburg, Institut für Zeitgeschichte und Stadtpräsentation (IZS)

Luftbild des Schillerteichs von Süden, 1950er Jahre.
Foto: Kübler Luftfoto.

Quelle: Stadt Wolfsburg, Institut für Zeitgeschichte und Stadtpräsentation (IZS)

Großer Schillerteich, Bootssteg mit Schwimmbühne, Schnitt, 1956.
Skizze: Hans-Henning Tappen, Garten- und Landschaftsarchitekt,
Bad Pyrmont/Wolfsburg-Hannover.

Quelle: Stadt Wolfsburg, Institut für Zeitgeschichte und Stadtpräsentation (IZS)

Bootsstation Schillerteich, Postkarte, 1957. Foto: unbekannt.

Quelle: Stadt Wolfsburg, Institut für Zeitgeschichte und Stadtpräsentation (IZS)

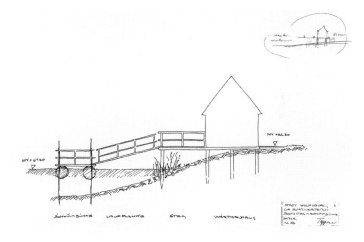

STADTHALLE – TERRASSENANLAGE
Klieverhagen, Stadtmitte
1963–1964

Südlich des Congressparks Wolfsburg, der
sich zur Zeit der Erbauung noch Stadthalle
nannte, findet sich eine Terrassenanlage, die
in den Hang eingearbeitet ist und Mitte der
1960er Jahre errichtet wurde. Heute ist sie fast
vollständig hinter Bäumen verborgen. Zwei
Treppen auf beiden Seiten führen hinauf zum
Theater, das erst später geplant wurde und in
der Zeit zwischen 1969 und 1973 entstand.

Außenanlagen Stadthalle, Terrassenanlage,
Stadt Wolfsburg, Hochbauamt, 1963.
Original im Maßstab 1:100.
Quelle: Stadt Wolfsburg, Geschäftsbereich Grün

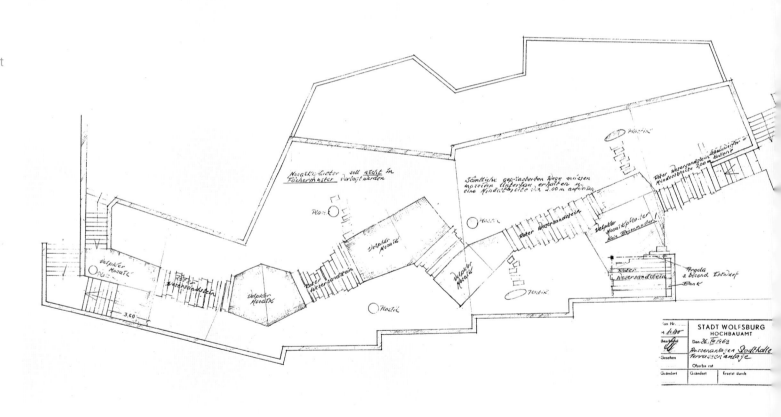

Pflanzplan für die Terrassenanlage an der Stadthalle,
Stadt Wolfsburg, Garten- und Friedhofsamt, 1964.
Original im Maßstab 1:100.

Quelle: Stadt Wolfsburg, Geschäftsbereich Grün

Blick aus der Anlage zurück auf den Wiesenhang vor dem Theater, 2016.
Foto: Inger-Katrin Schulz.

Planung
Stadt Wolfsburg, Hochbauamt
Entwurf: 1963/64

Bepflanzung
In einem erhaltenen Bepflanzungsplan des Garten- und Friedhofsamtes,
der am 25.05.1964 erstellt wurde, lässt sich die Pflanzenauswahl der
Erbauungszeit detailliert nachweisen. Dem Ort angemessen wurden hier
pflegeleichte Bodendecker mit Blühaspekten und Gräsern sowie eine
relativ hohe Artenvielfalt an Gehölzen geplant, die den Weg akzentuie-
ren und immer neue Blickpunkte in der Treppenanlage schaffen. Der
bewusste Einsatz von bodendeckenden Gehölzen, Rosen und Stauden
und die Vermeidung von Blumenpflanzungen oder Wechselflor half
schon in den 1960er Jahren, die Pflegekosten und den Unterhaltungs-
aufwand zu minimieren.

Gestaltungselemente
Der gewundene Weg erschließt die Grünanlage mit einem kleinen
Sitzplatz, der mit Pergolen aus massivem Holz überdacht wurde. Die
historischen Pläne verzeichnen eine Pflasterung aus rotem Wesersandstein und Velpker Mosaikpflaster im Wechsel. Das Mosaikpflaster sollte
nicht im Fächermuster verlegt werden, und die Mindestbreite der Wege
sollte zwei Meter betragen.

Besonderheiten
Auf den Rasenflächen waren ursprünglich insgesamt fünf Plastiken
vorgesehen, die vermutlich nie integriert wurden.

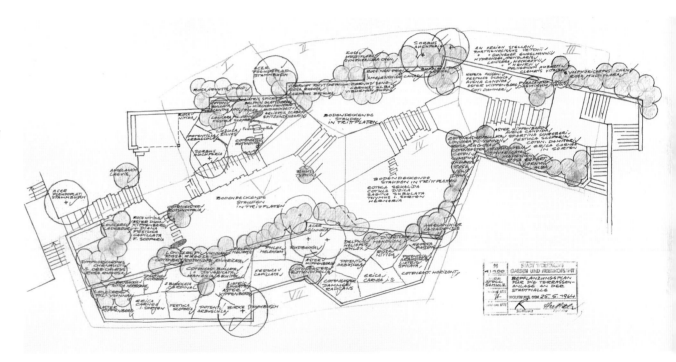

PESTALOZZISCHULE
Heinrich-Heine-Straße, Stadtmitte
1965

Die erste „Hilfsschule" Wolfsburgs entstand 1956 am wichtigen Kreuzungspunkt Heinrich-Heine-Straße und Lessingstraße und resultierte aus einem kleinen lokalen Wettbewerb. Nicht nur die Wohngebäude der 1950er Jahre, sondern auch die Schulbauten jener Zeit lösten dunkle, provisorische Barackenräume ab und sollten jetzt den Bedürfnissen der Kinder nach Licht und Sonne Rechnung tragen. So öffnet sich die weitläufige Anlage nach Südosten zur Sonne und wendet sich gleichzeitig von der Hauptwindrichtung und dem Straßenlärm ab. Der Schulhof ist dreiseitig von Gebäuden umschlossen.

Für die Grünanlage auf der offenen Schulhofseite lassen sich verschiedene Planungen nachweisen. In Zusammenhang mit dem Bau der Turnhalle 1965 wurde der Freiraum in diesem Bereich noch einmal völlig neu gestaltet.

Planung
Stadt Wolfsburg, Garten- und Friedhofsamt
Entwurf: 1965

Gestaltungselemente
Die historischen Pläne verzeichnen einen Schulgarten im Südosten des Areals.

Besonderheiten
Nach vielen Jahrzehnten als Förderschule wurde der Standort infolge der Inklusion aufgegeben. Die Räumlichkeiten sind aktuell durch die Neue Schule Wolfsburg genutzt. Der Schulbau ist als Einzeldenkmal geschützt.

Lageplan Volksschule V (Pestalozzischule),
Katasteramt Wolfsburg, 1956.
Original im Maßstab 1:1.000.
Quelle: Stadt Wolfsburg, Geschäftsbereich Grün

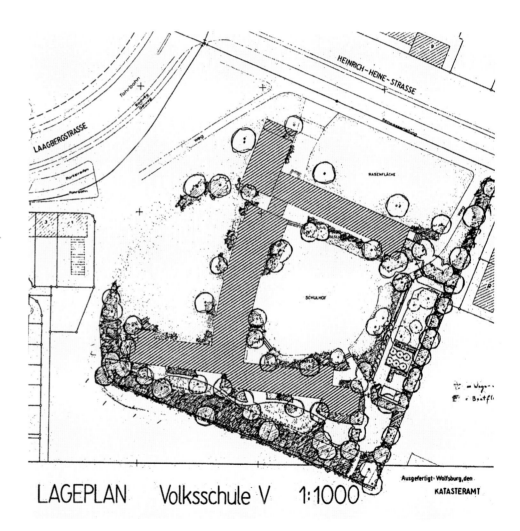

Modell des Freiraumentwurfs für
die Pestalozzischule, Blick von Nordwesten,
ohne Datum.

Quelle: Stadt Wolfsburg, Institut für Zeitgeschichte
und Stadtpräsentation (IZS)

Pestalozzischule Turnhalle,
Planung der Außenanlagen, Stadt Wolfsburg,
Garten- und Friedhofsamt, 1965.
Original im Maßstab 1:500.

Quelle: Stadt Wolfsburg, Geschäftsbereich Grün

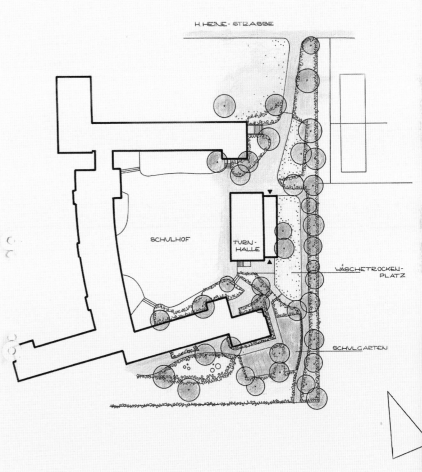

ANHANG

AUTOREN

Nicole Froberg
Dipl.-Ing. Architektur, Architekturvermittlerin

Geboren 1972 in Wolfsburg. 1999 Diplom Architektur an der TU Braunschweig. 1998 freie Mitarbeiterin der Stadt Wolfsburg in verschiedenen Projekten. Seit 2001 Aufbau und Leitung des Forum Architektur der Stadt Wolfsburg mit den Schwerpunkten Architekturvermittlung und Architekturkommunikation. 2002 bis 2005 Kommunikation Bauprojekt phaeno/Zaha Hadid. Seit 2010 zusätzlich Leitung der Geschäftsstelle des Netzwerks Baukultur in Niedersachsen.

Ralph Hartmann
Dipl.-Ing. (FH) Landschaftsarchitekt

Geboren 1966 in Braunschweig. Gärtnerlehre 1988. 1995 Diplom Landschaftsarchitektur FH Erfurt. Freiberufliche Tätigkeit, Bauleitung im Landschaftsbau. Seit 2013 Abteilungsleiter Planen und Bauen im Geschäftsbereich Grün der Stadt Wolfsburg.

Dr. Holger Pump-Uhlmann
Dipl.-Ing. Architekt, Architekturhistoriker

Geboren 1960 in Lübeck. 1989 Diplom Architektur an der TU Braunschweig. Anschließend angestellter und freiberuflicher Architekt. 1997 Promotion an der TU Delft. Lange Jahre wissenschaftlicher Assistent am Institut für Bau- und Stadtbaugeschichte/TU Braunschweig sowie am Institute of History of Art, Architecture and Urbanism/TU Delft. Aktuell: städtebauliche Forschungen, städtebauliche Planungen, bauhistorische Gutachten.

Prof. Ariane Röntz
Landschaftsarchitektin, Hochschulprofessorin

Geboren 1962 in Wiesbaden. 1989 Diplom an der TU Berlin. Bis 1992 Projekt- und Büroleiterin im Atelier Loidl, Berlin. 1992 eigene Bürogründung. Seit 1993 Fachpreisrichterin bei Wettbewerben der Landschaftsarchitektur, Architektur und des Städtebaus. Seit 1995 Lehrtätigkeit (unter anderem TU Berlin, TFH Berlin, Burg Giebichenstein Kunsthochschule Halle). Seit 2004 Professur an der Universität Kassel, Fachgebiet Landschaftsarchitektur und Entwurf. Seit 2010 im Gestaltungsbeirat der Stadt Wolfsburg.

Rado Velkavrh
Dipl.-Ing. Architekt, Denkmalpfleger

Geboren 1968 in Wiesbaden. 1999 Diplom Architektur an der TU Darmstadt. Von 2000 bis 2013 als angestellter Architekt im Rhein-Main-Gebiet tätig. 2010 bis 2011 berufsbegleitendes Ergänzungsstudium Denkmalpflege und Bestandsentwicklung der Deutschen Stiftung Denkmalschutz in Kooperation mit der TU Dresden. Seit 2013 Denkmalpfleger für die Stadt Wolfsburg.

IMPRESSUM

© 2018 jovis Verlag GmbH

Das Copyright für die Texte liegt bei den Autoren. Das Copyright für die Abbildungen liegt bei den Fotografen/Inhabern der Bildrechte. Alle Rechte vorbehalten.

Herausgeber
Stadt Wolfsburg, Forum Architektur

Konzept, Redaktion und Bildredaktion, Koordination
Nicole Froberg
Stadt Wolfsburg, Forum Architektur

Lektorat
Support – Texte im Fokus,
Bärbel Mäkeler, Braunschweig

Gestaltung
Hinz & Kunst, Braunschweig

Umschlagmotiv
Heinrich Heidersberger, Wolfsburg,
Institut Heidersberger

Gedruckt in der Europäischen Union

Bibliografische Informationen
der Deutschen Nationalbibliothek

Die Deutsche Nationalbibliothek verzeichnet diese Publikation in der Deutschen National-bibliografie, detaillierte bibliografische Daten sind im Internet über http://dnb.d-nb.de abrufbar.

jovis Verlag GmbH
Kurfürstenstraße 15/16
10785 Berlin
www.jovis.de

ISBN 978-3-86859-528-4

jovis-Bücher sind weltweit im ausgewählten Buchhandel erhältlich. Informationen zu unserem internationalen Vertrieb erhalten Sie von Ihrem Buchhändler oder unter www.jovis.de.